FÉ

PARA REAGIR, REINVENTAR-SE E RECOMEÇAR

PE. GIL HELENO, SCJ

FÉ

PARA REAGIR, REINVENTAR-SE E RECOMEÇAR

EDITORA SANTUÁRIO

DIREÇÃO EDITORIAL:
Pe. Fábio Evaristo R. Silva, C.Ss.R.

COORDENAÇÃO EDITORIAL:
Ana Lúcia de Castro Leite

REVISÃO:
Sofia Machado

PROJETO GRÁFICO, DIAGRAMAÇÃO E CAPA:
José Antonio dos Santos Junior

Dados Internacionais de Catalogação na Publicação (CIP) de acordo com ISBD

H474f Heleno, Gil

Fé para reagir, reinventar-se e recomeçar / Gil Heleno. - Aparecida, SP : Editora Santuário, 2021.
176 p. ; 16cm x 23cm.

ISBN: 978-65-5527-095-2

1. Religião. 2. Cristianismo. 3. Fé. I. Título.

2021-1009 CDD 240
CDU 24

Elaborado por Vagner Rodolfo da Silva - CRB-8/9410

Índice para catálogo sistemático:
1. Cristianismo : Fé 240
2. Cristianismo : Fé 24

1ª impressão

Rua Pe. Claro Monteiro, 342 – 12570-000 – Aparecida-SP
Tel.: 12 3104-2000 – Televendas: 0800 016 00 04
www.editorasantuario.com.br
vendas@editorasantuario.com.br

INTRODUÇÃO

Fé para Reagir, Reinventar-se e Recomeçar!

Uma frase dita por Jesus me encantou desde a primeira vez que a ouvi, ainda criança: "Se alguém disser a esta montanha: ergue-te e lança-te ao mar, e não duvidar no coração, mas crer que o que diz se realiza, assim lhe acontecerá"[1]. Em minha imaginação infantil, a fé era algo fantástico, pois tinha o poder de mover montanhas. Essa percepção impregnou meu coração e nunca mais me abandonou.

Hoje, com todos os estudos filosóficos e teológicos, e com uma grande experiência em ouvir pessoas como sacerdote, minha convicção acerca do poder transformador da fé na vida das pessoas cresce cada vez mais.

Por isso escrevi este livro. Com textos que buscam fazer uma síntese entre a razão e o coração, proponho ao leitor ir cada vez mais além, por meio de sua fé. E, a partir de sua realidade, tentar voos cada vez mais altos. Somente assim poder assombrar-se com o amor e poder de Deus, e ficar fascinado e com tudo aquilo que uma fé firme, forte e vigorosa é capaz de fazer em sua vida.

Convido você a entrar na dinâmica dos três R's: Reagir, Reinventar-se, Recomeçar. Existe um único princípio para manter viva essa dinâmica: o princípio da Fé!

Venha comigo!

---

[1] Mc 11,23

1

NÃO SE ENGANE ACHANDO QUE DEUS PODE MENOS. ELE PODE O IMPOSSÍVEL!

Um homem norte-americano ficou preso durante 30 longos anos – por engano! E o pior, no corredor da morte. Injustamente preso, poderia ser executado a qualquer momento. Um terrível engano que poderia literalmente acabar com sua existência.

Ao multiplicar os pães (Mt 14,13-21), Jesus causa uma grande maravilha nas pessoas, que passam, então, a segui-lo para ganhar mais pão. Porém o pão que elas querem sacia apenas a fome física, e Jesus quer dar o pão que sacia todas as fomes, principalmente a espiritual. Elas têm dificuldades de acreditar que Cristo é Deus e que, por isso, é ele o pão que veio do Céu. Consideram isso um absurdo e abandonam Jesus. Caem em um terrível engano.

Ao recusarmos viver nossa vida mais no plano espiritual do que material, caímos no mesmo engano. Ficamos presos a nossa falta de fé, em um corredor da morte mental que pode até não matar nossa vida, mas mata nosso ânimo, nossa coragem e alegria.

Imagine o que foram aqueles 30 anos para o homem injustamente condenado. Qual não foi seu alívio ao saber que agora, em liberdade, poderia, finalmente, abraçar as pessoas que amava! Foram trinta anos de sua vida jogados fora, mas ainda assim ele estava pronto para recomeçar. Nunca é tarde para recomeçar, mesmo depois de um engano monstruoso. Perguntado o que o faria mais feliz naquele momento, ele respondeu: "Comer um sanduíche e tomar um banho". Eis a felicidade presente nas pequenas coisas da vida.

O Senhor também nos convida a respirar aliviados, a sair das prisões espirituais que nos tiram o sabor de viver. Não podemos viver no engano, sem reconhecer tudo aquilo que Deus pode fazer em nossa vida. E ele não trabalha com enganos!

O episódio da multiplicação dos pães é a história de um grande engano. Jesus podia dar muito mais, o povo esperava muito pouco. Além de dar o pão da terra, que mata a fome física, Jesus queria dar à multidão também o pão do Céu, ou seja, ele mesmo. Mas a multidão se contentou com o pão da terra. Como é limitado o coração humano! Com muita facilidade achamos que não merecemos o melhor. Com mais facilidade ainda esperamos sempre pouco, sempre menos. Falta--nos a ousadia de fazer dar certo nossa existência. A solução estava ali pertinho da multidão e ela não percebeu. Jesus, o pão vivo descido do céu, estava ali, e eles queriam pão da terra, de padaria, pão que envelhece. O pão, por excelência, estava ali e eles queriam pão para passar manteiga!

Não se engane: Jesus veio para dar vida em abundância, não uma vida medíocre. Sonhe e busque realizar seus sonhos. Não despreze as asas que Deus lhe deu. Voe alto.

2

O CONHECIMENTO É O PRINCÍPIO DO AMOR!

A multidão seguia Jesus não por aquilo que Jesus era, mas por aquilo que Ele fazia, ou seja, ela instrumentalizava o Cristo. Ela perseguia Jesus em vez de caminhar com ele. Uma multidão desorientada, sem autonomia ou autenticidade, contraditória e incoerente. Foi essa mesma multidão que aclamou Jesus como rei quando ele entrou em Jerusalém (Mt 21,9) e pediu que ele fosse crucificado. Os fariseus manipulavam a multidão e a tratavam como massa de manobra, para assim terem seus objetivos atendidos. A multidão pode ser cada um de nós.

Pode-se classificar o homem-multidão de três maneiras: 1) Especialista: conhece apenas uma parte da realidade, mas pensa que sabe tudo. 2) Criança mimada: deseja impor sua vontade a todo custo. 3) Herdeiro: acha que só tem direitos e nenhum dever. A multidão não tem rosto, a multidão não tem vontade, a multidão é digna de compaixão. Jesus ao ver a multidão sente compaixão, porque era como ovelha sem pastor. Assim, ele começou a ensinar-lhe muita coisa, para que a multidão deixasse de ser multidão e passasse a ser povo: Povo de Deus.

Aqui está a solução para que a multidão deixe de ser multidão: adquirir conhecimento. Mais do que falar à emoção, Jesus ensina, explica, dialoga. Isso é falar à razão. Nossa sociedade é profundamente calcada no emotivo, algo próprio da cultura do espetáculo. O ser humano não é só emoção, o ser humano é também razão. Tem momentos, sim, em que se deve deixar a razão falar mais alto. Nela brilha a Luz de Deus.

Quando o papa Bento XVI decidiu deixar o Papado, ele disse que para tomar tal decisão havia consultado Deus e sua consciência. O Papa Emérito não jogou tudo nas mãos de Deus, tornando-se uma marionete nas mãos do Todo-Poderoso. Ele sabia que tinha responsabilidade, liberdade e condições para tomar uma decisão tão importante. É isto: ele confiou em Deus e confiou também na própria razão. Sem fundamentalismos ou irracionalismos.

O evangelho chegou até nós não por causa da multidão, mas por causa de um grupo muito reduzido de discípulos. Vamos fugir do Espírito de manada. Vamos reaprender a pensar por nossa cabeça. Vamos parar de ficar repetindo frases feitas e, por isso, vazias. Sentimento sem razão é paixão, passa rápido. Sentimento com razão é amor, cria raízes e transforma nossa vida.

3

PELA VIA DO CORAÇÃO SENTIREMOS JESUS COMO NOSSO OÁSIS, NOSSO PORTO SEGURO!

Do ponto de vista da fé, há uma diferença entre inteligência e sabedoria. Jesus diz: "Eu te louvo, ó Pai, Senhor do céu e da terra, porque escondestes estas coisas aos sábios e entendidos e as revelastes aos pequeninos" (Mt 11,25-27). O acesso ao Coração de Deus se dá pela Inteligência, sobretudo, pela fé. O coração tem razões que a própria razão desconhece, afirmava o filósofo francês Blaise Pascal. Pela via do coração o acesso ao coração de Deus é livre, geral e irrestrito, todos podem chegar ali, basta quererem. Ainda, pela via do coração, sentiremos Jesus como nosso oásis, nosso porto seguro. A fragilidade que é a vida humana só tem uma resposta: Cristo. E ele quem diz: "Vinde a mim todos vós que estais cansados e fatigados sob o peso de vossos fardos, e eu vos darei descanso. Tomai sobre vós meu jugo e aprendei de mim, porque sou manso e humilde de coração, e vós encontrareis descanso. Pois meu jugo é suave e meu fardo é leve" (Mt 11,28-30).

Deus é a resposta mais completa para nossa vida, não há outra. O ser humano experimenta, em nossos dias, um progresso muito grande, uma tecnologia muito avançada. O homem já pisou na lua e prepara-se para pisar em Marte. Tem-se tecnologia de guerra capaz de destruir o universo inteiro várias vezes. Tendo toda essa inteligência, o homem parece quase divino, porém não é Deus. Mesmo com toda a tecnologia a nosso dispor, assalta-nos uma imensa fragilidade. Somos precários. Somos falíveis. Temos data de validade... Em meio a tudo isso, Cristo, o Filho de Deus, que veio a terra para nos salvar, apresenta-se como descanso, oásis, porto seguro para cada um de nós. E se não entendermos isso, que toda e qualquer solução de nossa vida passa por Deus, não conseguiremos entender nada sobre o que é a vida.

Subtrair o sobrenatural de nossa vida é subtrair a marca de Deus em nós. Tudo que o inimigo deseja é convencer-nos de que na vida tudo é natural, tudo é material, e que Deus não tem nada a ver com nada. Na prática, o grande desejo do inimigo é nos tornar ateus. O que significa a palavra ateu: significa sem Deus! Pronto: Milagre sabotado.

4

FAZER A REVOLUÇÃO DA TERNURA SIGNIFICA ACOLHER O OUTRO!

Certo homem fazia com muito êxito um trabalho espiritual, usando, sem autorização, o nome de Jesus, além de não segui-lo. Os discípulos se revoltaram e reclamaram para Jesus, que disse: "Não o proibais, pois quem não é contra nós é a nosso favor" (Mc 9,39). É necessário sair da "bolha", do grupinho, da patota e lançar-se ao encontro do outro. Mais do que nunca, hoje, precisamos de uma revolução da ternura.

O Cristianismo é a religião do outro, do próximo. O que é diferente da cultura da competitividade presente no mundo que nos ensina a ver o outro como adversário, como inimigo. Frases como "o inferno são os outros" (Jean-Paul Sartre) ou "o homem é o lobo do homem" (Thomas Hobbes) pairam no ar de nossa cultura. Nesse contexto, uma revolução da ternura torna-se muito difícil, já que o mundo vem sendo considerado como uma selva e quem pode mais engole o outro. Vemos um mundo extremamente competitivo, onde para galgar postos deve-se eliminar o próximo, coisa que os *big brothers* e os *masterchefs* da vida nos ensinam tão bem. O outro sempre é o inimigo a ser derrotado.

Jesus, ao ensinar os discípulos, ensina cada um de nós a viver sem mesquinharia, sem pequenez. Ele nos ajuda a ver que "tudo vale a pena, se a alma não é pequena", como diria Fernando Pessoa. Um grande exercício da tolerância, da inclusão e não de exclusão. Quando vamos levar a sério a revolução da ternura proposta por Jesus e fazer essa revolução acontecer na Igreja, em nossa casa, em nosso trabalho, no trânsito? Vamos colocar mais mel em nossas relações e não azedume. O café ao dar bom dia ao leite recebeu como resposta: estou azedo!

Em sua viagem apostólica a Cuba, papa Francisco propôs que façamos a Revolução da Ternura. Um movimento que nos torne mais sensíveis, diante da obscuridade da vida e das tragédias da humanidade. Que nos faça ter os olhos e o coração abertos aos outros. Com alegria, proximidade e compaixão, deixar-se envolver para servir na vida dos outros.

Para que a Revolução da Ternura aconteça devo ter a capacidade de me colocar no lugar do outro, enxergar a realidade a partir do ponto de vista do irmão. Na Inglaterra existe o Museu da Simpatia. Ali tem uma caixa com vários pares de sapatos, a pessoa calça um deles e recebe um áudio contando a história do dono daquele par de sapatos. Isso é, literalmente, ver o mundo no lugar do outro. Ajuda-nos a colocar em prática a regra de ouro: "Faça aos outros aquilo que você gostaria que fizessem a você".

Conhecer a história do outro e sentir seu drama é a melhor forma de respeitá-lo e não tratá-lo como inimigo a ser desprezado. No evangelho, onde os discípulos viam um inimigo a ser eliminado, Jesus via um amigo a ser acolhido e amado. Por isso ele é o primeiro que fez a Revolução da Ternura!

5

VIDA AUTÊNTICA COMO REMÉDIO PARA A CRISE DE IDENTIDADE!

Jesus pergunta para os discípulos quem o povo diz que ele é. Para alguns, ele é João Batista, para outros, Elias, outros ainda pensam que ele é algum dos profetas. Ou seja, o povo não acerta a identidade de Jesus. Pensam que Jesus é um outro e não ele mesmo. No entanto, por incrível que pareça, Pedro acerta. Jesus pergunta: E para vocês, quem eu sou? Pedro responde: Tu és o Messias! (Mc 8,29). Bingo! Pedro acerta qual é a verdadeira identidade de Jesus: O Cristo, o Filho de Deus! É isso que faz Jesus ser ele mesmo! Ele é o verdadeiro Filho de Deus.

Uma das grandes crises do mundo moderno é a crise de identidade. Quem sou eu? Eu sou aquilo que meus amigos dizem que sou? Quem sou eu? Eu sou aquilo que a mídia diz que sou? Quem sou eu? Eu sou aquilo que a publicidade e a propaganda dizem que sou? Talvez, o maior enigma que temos para desvendar enquanto caminhamos na terra é sabermos quem realmente nós somos.

Não à toa, o máximo ensinamento de Sócrates, filósofo grego, foi nos dar o seguinte conselho: "Conheça-te a ti mesmo". Somente na medida em que me conheço posso colocar as regras de minha existência e tentar reencontrar-me comigo mesmo. E, quando eu estiver nesse processo de redescoberta, verei o quanto sou forte, na medida em que me esforço para viver segundo minhas próprias convicções que brotam de minha identidade. E qual é minha identidade? Ser filho de Deus!

E é claro que minha identidade deve estar ligada às minhas ações. De nada vai adiantar ter a consciência de que minha identidade é ser filho de Deus, mas viver como Filho do mundo, ou do consumo, ou da cultura. Não! Eu devo viver como Filho de Deus, pois essa é a condição para que eu viva a vida nova inaugurada por Cristo.

Pedro, que acertou a identidade de Jesus, não conseguiu entender que essa identidade estava ligada à ação de Jesus. Jesus diz com bastante clareza: "O Messias devia sofrer muito, ser rejeitado pelos anciãos, pelos sumos sacerdotes e doutores da Lei; devia ser morto e ressuscitar no terceiro dia" (Mc 8,27-33). Pedro não entende isso, chama Jesus no cantinho e tenta convencê-lo do contrário. Jesus repreende Pedro chamando-o de Satanás. Quando tentamos separar nossa identidade de nossas ações fazemos o jogo de Satanás. Se minha identidade é ser filho de Deus, mas não vivo como depositário dessa filiação divina, eu estou dando espaço para o inimigo. Quem preenche o espaço entre a identidade e uma ação que não corresponde a ela é o próprio inimigo. Se eu faço um esforço para agir de acordo com aquilo que eu sou, ou seja, filho de Deus, então, com certeza, Deus está comigo, pois coerência e harmonia vêm de Deus.

Eu devo descobrir minha verdadeira identidade, e isso acontecerá na medida em que eu me conheço. Não posso passar pela lavagem cerebral do mundo, impondo em mim uma identidade que não é minha! Devo recusar todo condicionamento, para que eu possa ser realmente eu, com meus limites, minhas possibilidades, minhas lutas!

6

JESUS VEIO PARA NOS DAR A VERDADEIRA LIBERDADE

Jesus é nosso libertador. Ele é o único que pode tornar verdadeiramente nossa vida mais leve, mais tranquila, mais serena, enfim, mais feliz. Contrariando a visão que Deus agia apenas em Jerusalém ou em suas proximidades, o que tirava dos pagãos a possibilidade da salvação, Jesus partia para missões distantes de Jerusalém. Como da vez que foi para o nordeste, na região da Decápole, lugar considerado pagão. Nesse momento, Jesus se depara com uma fé vigorosa, em seu encontro com a mulher siro-fenícia (Mc 7,24-30), pagã aos olhos dos judeus. A mulher grita, implora, insiste que Jesus cure sua filha. Jesus se rende e se impressiona com tamanha fé, uma fé teimosa, e assim faz o milagre acontecer, curando a filha da mulher, pois Deus não resiste à fé. É ela a mover o coração de Deus!

Outro episódio tocante é a cura do surdo-mudo (Mc 7,31-37). A história por si só é simples. Um homem surdo-mudo é apresentado a Jesus. As pessoas pedem que Jesus imponha a mão sobre aquele homem. Jesus se afasta da multidão com ele, toca os seus ouvidos e com a saliva toca-lhe a boca. O surdo-mudo destampa a falar. Fala como nunca. Está ébrio de alegria. As pessoas ficam maravilhadas, e, mesmo contra a vontade de Jesus, saem contando a todos o que aconteceu, e a história, por maravilhosa, atravessou o tempo e chegou até nós.

O evangelho, ao mostrar os milagres feitos por Jesus longe do Templo de Jerusalém, revela que a salvação de Deus não está restrita a um determinado lugar, ela é universal. Não é apenas para o povo judeu, mas para todos os povos da terra.

Por que na cura do surdo-mudo Jesus o afasta do povo? Porque o povo que tem fé é o mesmíssimo povo que não tem fé. O cardeal italiano Carlo Maria Martini dizia que dentro de cada um de nós tem dois homens, um que tem fé e outro que não tem fé. E, então, sofremos internamente esse grande embate, entre a fé e a falta de fé. Assim era com aquele povo que ali estava, ele acreditava *desacreditando*. Pede que Jesus imponha a mão sobre o surdo-mudo, porém está quase certo de que Jesus não realizará o milagre. Jesus se afasta, pois a falta de fé compromete a realização do milagre.

Ao realizar o milagre, Jesus diz ao surdo-mudo: "Effatha", que significa *abre-te*. Naquele momento, Jesus estava abrindo não só a língua daquele homem, mas estava abrindo toda a sua vida. Ao fazer o milagre, Jesus restituía ao surdo-mudo sua dignidade.

Jesus continua dizendo a cada um de nós: abre-te. Jesus veio para inaugurar em nossa vida a liberdade, Ele nos quer livres e abertos. Jesus devolve ao povo a liberdade roubada pelos fariseus. Jesus, ao curar a filha da mulher pagã e ao devolver a voz ao mudo, está dizendo que veio para abrir nossa vida e não para fechá-la. Sim, precisamos nos abrir à vida e não viver com a cara e o coração fechados. Abrir-nos para o novo que Jesus representa em nossa vida. Jesus passa pela vida da mulher sírio-fenícia e do surdo-mudo e transforma a vida deles. Jesus também quer passar por nossa vida para transformá-la. "Abre-te" é uma ordem de Jesus, que veio para libertar integralmente o ser humano.

A mulher siro-fenícia e o homem surdo-mudo nos ensinam que devemos resgatar a "utopia" em nossa vida. O importante é montar um cenário positivo e tentar atingi-lo com determinação e fé! O cenário positivo do surdo-mudo era recuperar a audição e destravar a língua. Conseguiu! Jesus realizou a utopia dele. O surdo traçou um cenário positivo para si e esperou que Jesus passasse por ali e... bingo! Trace cenários positivos, muitos, vários, persevere neles e espere Jesus passar, deixe viva a "utopia" em sua vida e... bingo!

7

A FÉ É TÁBUA DE SALVAÇÃO!

O último milagre que Jesus fez antes de ser crucificado foi a cura de um cego chamado Bartimeu (Mt 20,29-34). No Evangelho, a cegueira simboliza aqueles que precisam da luz de Deus, da luz da fé para reconhecerem a realidade e caminhar. Bartimeu perdeu a vista, mas não perdeu a esperança. Grita por Jesus pelo nome profético: "Filho de Davi". Reconhecendo Jesus como o Messias, passa a enxergar, joga fora o manto que o mantinha na invisibilidade, carente de dignidade. Recupera tudo ao ser curado por Jesus.

Temos de colocar nossa fé como um modo de vida. Não se afastar de Deus, pelo contrário, colocá-lo em tudo. Reconhecer nossa pequenez e a grandeza de Deus. Jesus pergunta o que o cego quer que ele faça. Mas ele somente pode fazer alguma coisa na medida em que o cego tenha fé. Devemos nos perguntar, em primeiro lugar, o que queremos que Deus faça em nossa vida e, imediatamente, apresentar nossa fé.

Imagine que o mundo é um grande mar revolto e você está nesse mar agarrado a uma tábua que não lhe permite afundar. Essa tábua é sua fé! Ela é tábua de salvação e caminho de iluminação. A pessoa deve reconhecer-se necessitada de salvação, que virá por meio do encontro pessoal com Cristo, que a convida a segui-lo pelo caminho do amor.

O homem é também chamado de mortal. Essa é sua característica fundamental. Um dia, ele não existirá mais, ao menos aqui na terra. Alguém já disse que a vida humana é um momento entre dois nadas. Um nada antes do nascimento e outro nada depois da morte.

Mas também já ouvimos que a vida humana é apenas um momento daquilo que um dia será verdadeiramente. Se pensarmos que a vida, de fato, é um momento entre dois nadas, ter fé seria uma atitude absolutamente inócua. Mas se apostamos na eternidade da existência, precisamos de muita fé, pois essa aposta envolve tudo. Envolve toda a nossa vida.

Porque teve fé, o sonho mais lindo de Bartimeu foi realizado: voltou a enxergar! Jesus perguntou a ele: "O que queres que eu te faça?". E ele respondeu! Saiba o que responder quando o senhor lhe fizer a mesma pergunta: "O que queres que eu te faça?" Dê sua resposta. Na fé! Ter fé significa esperar pelo melhor, como Bartimeu!

8

TODOS NÓS JÁ NASCEMOS COM UM GRANDE DESAFIO: REALIZAR NOSSO SER E MANTERMO-NOS VIVOS!

Os irmãos Tiago e João têm um pedido a fazer para Jesus: eles querem assegurar um bom lugar quando Jesus finalmente se revelar ao mundo (Mc 10,35-37). Eles simplesmente querem um lugar ao lado de Jesus. O melhor lugar. Jesus se espanta e diz que eles não sabem o que estão falando. Para estar ao lado de Jesus é preciso beber do cálice que Jesus irá beber e ser batizado com o batismo que Jesus será batizado. E isso significa o quê? Sofrimento. Eles estão dispostos a passar por tudo isso, pergunta Jesus. E eles dizem: "Estamos! Podemos! Queremos!" Os outros discípulos ficam enciumados pelo pedido dos dois irmãos e se revoltam. E Jesus dá a clássica lição dizendo que quem quiser ser grande, seja aquele que serve.

A vida é um desafio. Somos desafiados por ela a cada momento. Jesus lançou um desafio para aqueles dois irmãos: "Vocês poderão beber o cálice que eu vou beber, poderão ser batizados com o batismo que eu serei batizado?" Eis um desafio duríssimo. E Jesus, certamente, não esperava ouvir a resposta que ouviu: "Podemos!" Aqueles jovens irmãos aceitaram o desafio que Jesus colocou para eles. Jesus os desafiou e eles não correram do desafio.

Se você acha que pode vencer o desafio que a vida é, já é meio caminho andado para a vitória. Se você acha que não adianta, que não vale a pena e que não conseguirá, também já é meio caminho andado para a derrota! Jesus propôs o desafio. Tiago e João aceitaram. Com certeza hoje estão no céu, felizes na presença de Deus.

9

DEUS É NOSSA RAIZ MAIS PROFUNDA!

Jesus nos chama a viver na radicalidade. Para ele, o amor a Deus e sua Palavra está acima de todas as realidades da terra. Deus é o bem maior em relação a todas as coisas. Saber viver um bem maior no lugar de um bem menor nos aperfeiçoa e nos faz feliz. Somos falsamente felizes quando consideramos Deus um bem menor e as coisas do mundo bens maiores. Isso nos causa um vazio no ser. Substituir um bem maior por um bem menor é a porta para o pecado, dizia Santo Agostinho.

Alguém disse que nosso mundo hoje é um *mundo líquido*. O que significa que nada mais dura, tudo está em constante mudança, nada mais tem raiz... Constatamos uma grande mudança de comportamento. Vivemos hoje em um mundo fragmentado, instável. E é claro que um mundo assim não é radical.

Estamos imersos na ditadura do curto prazo. Tudo é para agora e, ao mesmo tempo, tudo é descartável, na medida em que tudo pode ser mudado. Se a radicalidade é própria do evangelho, como vivê-la em um mundo sem raiz? Nadando contra a corrente, pois temos no coração uma sede de longo prazo, do infinito, do eterno.

O que sustenta uma árvore enorme? Quando vemos uma árvore frondosa, bonita, vemos a aparência, mas não vemos o que a sustenta: sua raiz! Se a árvore não tivesse raiz para nutri-la e mantê-la de pé, ela simplesmente cairia. É exatamente isso que acontece conosco quando não vivemos algumas de nossas escolhas na radicalidade. Na raiz! Se a árvore é bem enraizada, pode enfrentar o vento que for, dobra, mas não tomba. Mas se a raiz é podre ou inexistente, no primeiro vento um pouco mais forte, a árvore desaba. Para que isso não aconteça também conosco, é fundamental colocar Deus como nossa raiz mais profunda.

10

NOSSA ESPERA NÃO É ABSURDA. É FECUNDA, POIS ESPERAMOS O MELHOR!

Poderíamos achar estranho e nos perguntar: mas por que justamente no domingo em que se celebra Cristo, o Rei do universo, é lido o evangelho que fala de Cristo na cruz. Que reinado é esse? Um evangelho que fala de cruz, de crucificado, de sofrimento, dor... Como é que no dia em que se destaca Cristo como o Rei da humanidade, a Igreja lembra que esse Rei morreu esfolado na cruz, o que pode soar como uma fragorosa derrota de Cristo para o mundo? A resposta é uma só: para a Igreja, o Reinado de Cristo começa a partir da Cruz! Quando se começou a pintar o crucifixo, a representá-lo em imagens, a imagem sobre o crucifixo não era a do Cristo morto, mas do Cristo coroado, significando assim que ele reina a partir da cruz.

E se o Reino de Cristo começa a partir da cruz, fica claro de qual tipo de reinado estamos falando. O reinado de Cristo não tem a ver com dinheiro, não tem a ver com posses, status ou celebridades. Não tem a ver com consumismo ou uma egoística realização pessoal, muitas vezes, conseguida à custa de aniquilar o próximo. Não tem a ver com poder terreno. O reinado de Cristo tem tudo a ver com o amor e a misericórdia, com a justiça e a verdade. Com a paz e a felicidade. É esse o Reino de Jesus!

A imagem da cruz é uma intuição católica. Certo líder religioso narra como se deu sua passagem da Igreja Católica para a Igreja protestante, que fundou. Em uma Sexta-feira Santa, ao entrar em um templo católico, ficou horrorizado quando viu a igreja toda reunida adorando a cruz do Senhor. Ele se referia à Sexta-feira da Paixão, único dia do ano em que não é celebrada a Santa Missa, para que os católicos possam contemplar o grande mistério de um Deus, apaixonado por nós, que morreu na cruz para nos dar a vida. Aquele líder evangélico entendeu tudo errado.

Há uma famosa corrente do teatro intitulada "Do absurdo". São situações limites que geram graves conflitos interiores. A peça, símbolo dessa corrente, é "Esperando Godot", de Beckett. Os personagens passam o tempo inteiro em cena esperando por Godot... que nunca vem! Eis o absurdo! Como os personagens que esperam por Godot, nós esperamos o Cristo, mas nossa espera não é absurda. Nossa espera é fecunda, pois o Reino já acontece no mundo, aqui e ali.

11

A VIÚVA, QUE NÃO TINHA QUASE NADA, DEU TUDO O QUE TINHA, MOSTRANDO UMA CONFIANÇA TOTAL EM DEUS!

Uma mulher sem filhos havia perdido há pouco seu marido. Vinha de uma cultura em que a mulher, para ter voz e vez, deveria estar ao lado de um homem. Ela por ser viúva não tinha homem algum. Um homem que se dizia filho de Deus percebia que sua atual situação não estava caminhando para o melhor desfecho. Aos 33 anos, ele levava muito a sério sua missão: mostrar ao mundo que Deus tem um rosto, que é de pai.

Aquela mulher chegou a um ponto tal, que já não tinha quase mais nada para comer, ou mesmo dinheiro para comprar alguma coisa, tinha ainda apenas duas moedinhas, que daria para comprar uma última porção de pão. Ao passar pelo Templo, resolveu entrar. Mas lembrou que não tinha nada para ofertar, a não ser as moedas. Se as ofertasse, deveria ir para a rua mendigar ou morreria de fome. Triste dilema.

Sentado diante dos cofres do Templo, o homem, que se dizia filho de Deus, seria crucificado dali a poucos dias, mesmo sendo inocente. Mas naquele momento se divertia, vendo pessoas muito ricas doarem somas de dinheiro para o Templo, em uma quantidade que não significava nada para elas, diante das grandes fortunas que possuíam.

Quando, surpreso, o homem, de nome Jesus, vê a mulher viúva chegando. Ele percebe que ela está sozinha e parecia estar com fome. A viúva passa a mexer na bolsa, até apanhar duas moedas (Mc 12,41-44). Jesus percebe que é tudo o que ela tinha. Será? Pensa Jesus. Sim, é isso mesmo, ele constata. A viúva coloca suas duas únicas moedinhas no cofre. Tudo o que ela tinha! Jesus está totalmente surpreso. A viúva, que não tinha quase nada, deu tudo o que tinha, mostrando uma confiança total em Deus.

Qual a grande lição que a viúva do evangelho nos ensina? Apostar tudo em Deus! Não apenas nos momentos bons, mas especialmente nos momentos críticos de nossa vida. Apostar não no sentido de testar Deus, mas apostar no sentido de acreditar que Deus é nossa melhor solução para todos os aperreios da vida. Tem casos em que o apostador, mesmo perdendo, ou mesmo achando que vai perder, dobra aposta. E daí ele ganha muito mais. A viúva dobrou a aposta na providência de Deus. Ela deu tudo porque confiava que Deus lhe daria muito mais.

12

DEUS ESTÁ CONOSCO NO SOFRIMENTO E NA DOR!

Nossa fé tem como eixo a morte e a ressurreição de Jesus. Nele, a vida venceu a morte, mas para chegar até a vitória foi necessário passar pelo calvário. Assim, vimos um Deus que sente dor, humilha-se e passa pela morte. A vida de Jesus nos ensina que o sofrimento é passagem obrigatória para quem quer ressuscitar.

A Cruz de Jesus fala de sua dor, mas também da dor e do sofrimento humano. A tal ponto que a palavra Cruz tornou-se sinônimo de sofrimento. É o que dizemos quando sofremos: "Eu tenho de carregar minha Cruz", ou "Senhor, dê-me forças para carregar minha cruz". A Igreja jamais tentou esconder a Cruz em nossa experiência de fé. Não caímos na armadilha de uma teologia da prosperidade, de uma vida em que Deus patrocina todas as facilidades e benesses. Divulga-se a falsa ideia de que quanto maior o dízimo maior será a proteção de Deus. Mas quem disse que dízimo é apólice de seguro e Deus um corretor?

E nos perguntamos: Por que Deus precisou sofrer? Por que Jesus teve de passar pela cruz? Ele grita: Meu Deus, meu Deus, por que me abandonastes? (Mc 15,34). Por isso a Cruz nos deixa com uma grande interrogação. O sofrimento nos deixa com uma grande interrogação. E quando sofremos, perguntamos a Deus: "Por que, Senhor? Por que comigo? Por que me abandonou?" O Senhor, porém, jamais nos abandona. Ou Ele nos tira do sofrimento ou sofre conosco.

Deus Pai estava na Cruz com Jesus, pois onde está o Filho ali está o Pai. Assim, Jesus é crucificado nos braços do Pai! Do braço do Pai e do Filho na cruz está presente o Espírito Santo. Nada que é humano é novidade para Deus, inclusive o sofrimento.

13

CORAGEM PARA ENFRENTAR O SOFRIMENTO SIGNIFICA AGIR COM O CORAÇÃO NA FÉ

Na última viagem do papa Francisco às Filipinas, em uma das missas para a multidão, uma pequena garota leu uma cartinha para o Papa. Em um dos trechos ela dizia: "Muitas crianças são forçadas a envolverem-se com drogas e prostituição. Por que Deus permite que essas coisas aconteçam? As crianças não são culpadas de nada", questionou a pequena em lágrimas. O Papa, comovido, respondeu: "Ela é a única pessoa que colocou essa questão prontamente, mas para a qual não há resposta. E nem o expressou em palavras, mas sim em lágrimas". A garotinha era uma moradora de rua, sujeita a todos os perigos que a rua traz: prostituição, drogas e exploração. E ela, durante a leitura, começou a chorar e não conseguia mais ler, o que emocionou a todos, inclusive o Papa. Para perguntas assim, dizia o Papa, a resposta é o silêncio, as lágrimas e a fé em Deus.

Todo sofrimento de Jesus tem um sentido muito profundo e muito fecundo, o que nos permite distinguir o sofrimento que é suportável na medida em que existe um sentido, e um sofrimento que é insuportável, quando não há sentido algum. Sofrimento sem sentido nos leva ao desespero. É quando eu pergunto para Deus: "Por que isso está acontecendo comigo?" Uma pergunta corriqueira, mas sem sentido. O sofrimento com sentido nos permite abrir a janela para a esperança. É saber que cada um de nós deve levar a própria cruz, pois ninguém é melhor que ninguém. O sofrimento tem sentido quando se leva a cruz com coragem e fé, e se possível, com um sorriso no rosto!

O sofrimento nos devolve para a realidade da vida. Celebramos o Deus da Vida, mas sabemos que a cruz faz parte. A cruz é uma vírgula, uma passagem necessária que faz parte de nossa condição humana. Nem Jesus se furtou a ela. Se é assim, o que precisamos é de coragem. A palavra coragem vem da palavra latina cor aticum, *que significa coração que age. Ou seja, nos momentos difíceis da vida se deve agir, sobretudo, com o coração. Ora, o coração só age na fé. Jesus enfrentou a cruz com coragem. Seu coração agiu, deixou-se transpassar, deu-se por inteiro na confiança de que o Pai lhe resgataria. Coragem, agir com o coração na fé.*

14

NINGUÉM ESCAPA DA MISERICÓRDIA!

Ainda hoje, cada pessoa que olhar para a cruz poderá, com toda a certeza, pensar: Jesus pagou meu pecado com sua vida. Muitos reclamam que não sentem o amor de Deus. Não se sentem amados por Deus. Quem faz essa reclamação é porque, de alguma forma, não se sente culpado pela morte de Jesus. Somente a partir do momento que batermos no peito e dizermos: "Eu matei Jesus. Minha culpa, minha culpa, minha máxima culpa", somente a partir desse momento é que vamos entender o mistério de amor de um Deus que se deixa morrer simplesmente por amor à humanidade, por amor a mim e a você. A fonte de misericórdia que brota da cruz de Jesus atinge em cheio nosso coração.

Padre Augusto César Pereira, grande religioso dehoniano, dedicou-se ao tema da misericórdia em seu último livro intitulado: "Ninguém escapa da misericórdia". Querendo, assim, dizer que a misericórdia de Deus é para todos. Em uma fictícia entrevista com Deus, sobre o porquê da morte de Jesus na cruz, ele ouve a seguinte resposta: "Pela cruz de Jesus eu pude revelar minha identidade, que é o Amor. Se eu sou Deus, é por causa do amor. Sem amor não existira Deus. Aliás, o próprio Jesus havia dito que a maior prova de amor é exatamente dar a vida por quem se ama (cf. Jo 15,13.16-17; Rm 5,8-10)! Se eu impedisse o amor, estaria frustrando a chance de o Filho de Deus dar prova concreta do extremo a que pode o amor levar alguém".[2]

Não existe forma mais segura para se caminhar na vida que tendo à frente a misericórdia de Deus. Somos impelidos a cada momento a

[2] PEREIRA, Augusto C. Ninguém escapa da misericórdia. Paulus: São Paulo, 2015, p. 44.

mergulhar na misericórdia. Por misericórdia, Deus nos escolheu, deu-nos a vida e caminha conosco. E se cairmos, ELE vai nos levantar! Acredite nisso! No entanto, é nossa obrigação avaliar sempre nossa vida, nossa história. Admitir nossos erros e pecados. Porém não os considerar maior que a misericórdia do Senhor, pois não existe no mundo pecado que seja maior que a misericórdia.

Cair todo mundo cai, fica no chão quem quer.
A Misericórdia é guindaste, sempre nos levanta!

15

A ALMA, DE CERTA MANEIRA, É TUDO!

Santo Tomás de Aquino afirma que a alma, de certa maneira, é tudo. Isso quer dizer que nossa alma está aberta a tudo: ao bem e ao mal. Então, direcione firmemente sua alma para o bem, para o sucesso, para a saúde, para a felicidade, e não para as coisas ruins e negativas ou pensamentos que o escravizam. Descontamine-se. Preserve-se. Afaste-se de tudo o que é negativo ou que não agrega nada a sua vida. Se seu passado ainda hoje o oprime, liberte-se dele. A única maneira de libertar-se de um passado, que continuamente vem à mente, é viver muito bem o presente. Valorizar o máximo esse presente; fazer as escolhas certas e não fazer nada que se arrependa depois. Um passado chorado foi um dia um presente mal cuidado. Portanto viva bem agora. Valorize seu presente. Trate tudo com cuidado, especialmente as pessoas que você ama e são importantes em sua vida. A vida corre, é preciso saber correr bem junto dela.

Quando não cuidamos bem de nossa alma, complicamos a vida ao máximo. A alma é, sobretudo, simples. Talvez, por isso, gostemos tanto de praia ou de campo. Ali tudo é simples e verdadeiro: é o tranquilo ser do mundo. Devemos aprender com a natureza. Devemos treinar nosso olhar para ver que a solução vem sempre acompanhada da simplicidade. Não devemos ver problemas por toda a parte e envolver-se com a falsa complexidade do mundo. Devemos parar de converter tudo em problemas; a vida assim fica trágica demais. Decrete em sua vida a leveza e a simplicidade, que brotam da alma. Não se preocupe tanto! Não tenha tanto medo! Confie mais em Deus!

Na maioria das vezes, para que tenhamos algum sucesso, o mundo pede nossa alma. Deus também pede nossa alma: não para explorá-la como o mundo, mas para dar a ela a mais fina felicidade! Abra sua alma ao poder infinito de Deus! Plante a fé no mais profundo de seu interior e você verá coisas boas acontecendo... Surpreenda-se com a força de sua alma: é por meio dela que o impossível de Deus acontece!

O corpo é o autorretrato da alma, portanto, cuide bem de sua alma que isso refletirá em seu corpo e em sua saúde.

16

A MISERICÓRDIA É O AMOR DESENHADO!

Simão, um grande do lugar, convida Jesus a sua casa (Lc 7,36-49), porém não o reconhece como o Deus misericordioso e não trata Jesus com deferência. Ele convida Jesus para entrar em sua casa, mas não permite que Jesus entre em seu coração. De repente, um golpe de cena. Irrompe na sala uma mulher pecadora que, arrependida de seus pecados, lava os pés de Jesus, enxuga-os com seus cabelos, cobre-os de beijos e os perfuma. Aquela mulher tem em Jesus um Deus misericordioso e reconhece-se necessitada da misericórdia do Senhor.

Importante é reconhecer que temos um Deus misericordioso, que nos perdoa e permite-nos recomeçar sempre mais uma vez. Não se sentir necessitado da misericórdia é o mesmo que dizer: "Eu não devo nada para Deus". Opa! A Ele devemos tudo, a começar por nossa vida. O senso comum jamais vai entender que o mundo precisa de misericórdia e, ao mesmo tempo, anseia pela misericórdia. O "senso religioso" reconhece que é preciso implementar no mundo a cultura da misericórdia. Isso significa cultivar a misericórdia, em todo tempo e lugar.

Tomás de Aquino entende a misericórdia como a dor pela miséria alheia. É mostrar empatia pelo outro que sofre, e, se possível, estar a seu lado. Para ele, de certa maneira, a misericórdia é uma virtude ainda maior que o amor. O amor é, sim, a virtude maior, mas apenas em relação àquele que o possui, visto que é o amor que nos liga a Deus. Porém a misericórdia em si mesma é uma virtude maior que o amor. Como? Porque é próprio dela repartir-se com os outros, socorrer-lhes nas dificuldades. A misericórdia é o amor desenhado.

Simão não reconheceu em Jesus um Deus misericordioso. A prostituta, porém, mergulhou na misericórdia que Jesus oferecia, gratuitamente.

17

É PRECISO VIVER SINTONIZADO COM A FREQUÊNCIA DO QUE É POSITIVO, SAUDÁVEL E SAGRADO PARA NOSSA VIDA!

É preciso fazer muito esforço para ficar sintonizado com uma frequência de paz, amor, positividade, progresso, bem-estar e fé. Muito frequentemente algumas pessoas querem nos colocar na frequência delas, de negatividade, pessimismo, ressentimento. Recuse, ainda que essas pessoas insistam em tirar sua paz. Quando você menos espera, lá vêm elas com todo o arsenal negativista. Elas são incansáveis em trazer aquilo que diz o apóstolo Paulo em uma de suas cartas: "'Escuridão, trevas e tempestade". Reaja, de acordo com seu modo de pensar e não dando ouvidos a quem está na lama do pessimismo e quer lhe arrastar para lá. Fique limpo em sua positividade. Respire Deus. Respire fé. Respire esperança. Respire fundo e vá!

Aristóteles nos ensinou que podemos perceber a realidade de três maneiras. A primeira é a *acidental*, que é quando vemos apenas aquilo que é aparente, tal como cor, som, cheiro, sabor. É a mais fraca delas e que, frequentemente, nos faz incorrer em julgamentos precipitados e preconceitos. A segunda é a *categorial*, ou seja, analisamos tudo pela razão e vamos colocando em categorias, classificando a realidade de forma racional. Ainda que seja mais forte do que o nível acidental, o nível categorial ainda não é a melhor maneira de analisar a realidade. A forma mais adequada é a *substancial*, quando analisamos a realidade além das aparências e buscamos a essência. Essa maneira de percepção da realidade é a mais forte e nos revela todo um outro mundo que, de certa maneira, nos era invisível. Como é um pouco mais difícil acessar o nível substancial, é necessário treinar, sobretudo, o coração. O primeiro nível é o do senso comum, fujamos dele. O segundo nível é o da razão, não fiquemos só nele. O terceiro nível é o do coração, permaneçamos aqui, porque o essencial é invisível aos olhos e o coração tem razões que a própria razão desconhece. É nesse nível que podemos nos sintonizar com aquilo que é positivo, saudável e sagrado para nossa vida.

Viver sintonizado com aquilo que é essencial nos ajuda a conquistar o que Paulo promete: "Mas vós vos aproximastes do monte Sião e da cidade do Deus vivo, a Jerusalém celeste; da reunião festiva de milhões de anjos; da assembleia dos primogênitos, cujos nomes estão escritos nos céus (Hb 12,22-23).

18

PARA BEM REALIZAR A PRÓPRIA MISSÃO É PRECISO COLOCAR NELA, POR INTEIRO, O CORAÇÃO!

A Missão de Jesus é a mais importante de todas as missões. Ela dividirá a terra ao meio, entre aqueles que o seguirão e aqueles que o rejeitarão. A missão de Jesus é tão absoluta e fundamental que, se não for bem compreendida e vivida, colocará, até mesmo, os membros de uma mesma família uns contra os outros. E qual é a missão de Jesus? É nos fazer entender que Deus é um Pai de amor e misericórdia. E não só fazer entender, porque entender é uma operação da razão, mas sobretudo viver essa boa notícia no dia a dia. Essa é a missão de Jesus!

E qual é nossa missão? Estamos colocando nela todo o nosso coração? Muitas vezes, é preciso lutar consigo mesmo para bem realizar a missão. Certo atleta brasileiro dizia: "Meu maior adversário não é o russo ou o americano, meu maior adversário sou eu mesmo". Quando não cumprimos bem nossa missão, comprometemos inteiramente nossa vida e a vida daqueles que estão a nosso lado. Para São Tomás de Aquino nossa vocação principal é voltar o coração para Deus. E, assim, nossa missão torna-se a mesma de Jesus. Mergulhar na divindade e no amor de Deus por todo o sempre, por toda a eternidade, experimentando assim a mais pura felicidade, experimentando Deus face a face. Para Aristóteles, filósofo grego, nossa missão é ser feliz, e o somos na medida em que realizamos nosso ser ou tentamos realizá-lo, utilizando para isso afetos, inteligência, dons e talentos.

Para realizar bem a missão não se pode ficar parado, é preciso agir. Ao final, é ao próprio comodismo que é preciso vencer. Só é possível cumprir a própria missão se temos a certeza de que estamos fazendo o máximo que podemos fazer. Vencer ou perder vêm em segundo lugar, o que vem em primeiro lugar é ter a certeza de ter dado o máximo, de ter se colocado inteiro na missão.

19

FALAR EM PARÁBOLAS É FALAR A LINGUAGEM DO CORAÇÃO!

São Paulo nos diz que o Espírito reza em nós, ensina a rezar (Rm 8,26-27). O Espírito qualifica nossa oração. Nossa oração termina por ser uma conversa entre Deus e o Espírito. Uma conversa sobrenatural. Eis a força de nossa oração. O Espírito corrige nossa oração para melhor. Reza em nós com *gemidos inefáveis*: belíssima expressão. Trata-se de algo quase indescritível e belo, em que estão presentes o prazer e o contentamento. Algo inebriante e, ao mesmo tempo, inexprimível.

A linguagem do Espírito nos leva até a linguagem da parábola, utilizada por Jesus (Mt 13,24-43): "Abrirei a boca para falar em parábolas: vou proclamar coisas escondidas desde a criação do mundo". Jesus quer que as pessoas compreendam o que é o Reino dos Céus, porém a linguagem humana é limitada para descrever tão grande mistério.

Falar em parábola é servir-se de outro tipo de linguagem. Abro mão da linguagem racional, da razão e do apelo para usar a linguagem do coração, que dá sentido à vida. A linguagem do coração me permite falar deste e do outro mundo, de uma realidade que não é só "aqui e agora", mas de uma realidade além, que eu ainda não conheço e que será uma surpresa para mim. Tem coisas que a linguagem comum não dá conta de dizer. A parábola nos oferece uma realidade nova. É o "aqui e agora" que transparece nesse momento, causando-me espanto e reforçando minha esperança no novo que deverá surgir.

Jesus fala em parábolas porque elas expressam a linguagem do coração. É a linguagem que todos compreendem. Os fariseus e os doutores da lei usam uma linguagem exclusiva, que poucos compreendem. A linguagem de Jesus é inclusiva e universal, porém somente a compreenderá quem tem o coração aberto.

A pregação de Jesus, mais que falar à razão, ao racional, fala ao coração. A razão é linguagem humana. O coração é a linguagem de Deus.

20

É NECESSÁRIO DESVIAR O OLHAR DA ÁRVORE E SE CONCENTRAR NAS INÚMERAS POSSIBILIDADES DA SEMENTE!

Jesus sabe que o homem não cabe na terra! O endereço do homem é o céu. A terra é uma casa alugada. O céu é a propriedade que Deus preparou para nós. Por isso Jesus procura dar pistas sobre o que significa o Reino dos Céus (Mt 13,24-43). O Reino é o senhorio da vontade de Deus, que deve ser assumida como o critério guia de nossa existência.

Jesus compara o Reino com um homem que semeia o trigo em seu campo. O inimigo vem sorrateiro e espalha o joio, daí crescem juntamente o joio e o trigo. O proprietário impede que o joio seja ceifado, pois assim arriscaria ceifar também o trigo. No tempo da colheita, o trigo irá para o celeiro e o joio será queimado. Jesus ainda compara o Reino com a pequena semente de mostarda, que, ao crescer, torna-se uma enorme árvore. Por fim, compara o Reino a uma pequena porção de fermento, que, misturado à farinha, faz crescer toda a massa.

São três os pares de elementos colocados: o trigo e o joio, a semente e a árvore, o fermento e a farinha. De um lado: o trigo, a semente e o fermento. Do outro lado: o joio, a árvore e a farinha.

O trigo e o joio me fazem pensar o que vou deixar crescer em mim. Cultivo em meu coração o trigo, que é o bem, ou o joio, que é o mal? Transformarei-me naquilo que eu cultivar. Assim, meu coração é terreno fértil para o bem ou para o mal?

A árvore não é ainda tudo aquilo que a semente pode ser. A árvore traz consigo todas as possibilidades da semente, que são infinitas. A árvore jamais poderá estar conformada com aquilo que ela já é, pois ela pode ser mais, a semente assim o permite. É necessário desviar o olhar da árvore (aquilo que sou agora) e se concentrar nas inúmeras possibilidades da semente (tudo aquilo que ainda poderei ser). Viver a vida na dinâmica de que o melhor está para acontecer.

Enquanto o joio é aquilo que vem de fora e não me deixa crescer, a farinha é o que vem de dentro de mim, e também não me deixa crescer. Ou seja, inseguranças, ciúmes, falta de fé, ressentimentos, sobretudo, estima baixa. Mas o fermento, que representa os sentimentos bons e a sede de conversão, pode sustentar minha vida e fazer com que a farinha não estrague toda a massa, pelo contrário. Dar condições para que o fermento faça todo o seu trabalho, e assim a vida cresça e se expanda.

21

AO ENFRENTARMOS A VIDA COM CORAGEM, JÁ ESTAMOS NO IMPORTANTE PROCESSO DA SUPERAÇÃO!

Jesus fala do mistério da Palavra de Deus a partir do mistério da semente (Mt 13,1-23). Algo minúsculo no qual está contido tudo aquilo que é maiúsculo. Causa-nos espanto que a árvore mais grandiosa tenha vindo de uma pequenina semente. Na semente está contido simplesmente o tudo. Tudo aquilo que pode ser. Em sua humildade, a semente é a promessa do fruto, o berço da vida.

Ao final de tudo, Jesus quer dizer que a semente é a Palavra de Deus. A Terra Boa é o coração preparado para receber essa Palavra e fazê-la frutificar. A semente que realiza todo o seu potencial é aquela pessoa que ouve a Palavra de Deus e a compreende. Nela está contida a possibilidade da máxima realização: transformar-se naquilo que ela pode ser, mas como é arriscado o caminho da semente para realizar ao máximo seu potencial! Como é arriscado nosso caminho até termos a coragem de viver em nossa vida a Palavra de Deus!

Em seu percurso para se autorrealizar, a semente encontra vários obstáculos: é lançada à beira do caminho, cai no terreno pedregoso e, por fim, em meio aos espinhos. São situações pelas quais, assim como a semente, todos passamos. Devemos lidar com a indiferença, que nos desumaniza, tornando-nos invisíveis. Devemos enfrentar ainda os sofrimentos e as dificuldades da vida, que tiram nossa força e comprometem nossa reação. Circunstâncias difíceis que podem inviabilizar nossa vida.

São Paulo compara nossa situação atual com a mulher que passa pelas dores do parto (Rm 8,22). Depois da dor, vem a grande novidade, uma nova vida. Ao enfrentarmos a vida com coragem, já estamos no importante processo da superação! Se soubermos superar o contexto difícil no qual vivemos estaremos prontos para viver a novidade, a libertação, a glória.

Somos feitos da mais pura esperança: o melhor está para acontecer! A Palavra, a semente, a vida, o mistério, o novo, a libertação, a glória, a aventura da vida, temperada de medo, mas, sobretudo, uma fé inquebrantável em saber que em todo o processo da semente – nosso processo – o poder, o amor e a misericórdia de Deus estão ali presentes, fazendo o milagre acontecer!

22

SE NOSSO TESOURO ESTÁ NO MUNDO, NOSSO CORAÇÃO ESTARÁ ALI. MAS, SE NOSSO TESOURO ESTÁ EM DEUS, LÁ ESTARÁ NOSSO CORAÇÃO

Quem nunca brincou de "biscoitinho queimado"? Funciona assim: alguém esconde algo e outros começam a procurar. Estando distante do objeto escondido você está frio, estando próximo, quente. Procurar alguma coisa faz parte da condição humana. Passamos a vida procurando... O evangelho nos ensina que é preciso colocar o coração nessa busca, colocar-se por inteiro nela. "Onde está seu tesouro, aí estará também seu coração" (Mt 6,21).

Quais são seus sonhos? Coloque neles seu coração. Onde está seu tesouro, ali estará seu coração. Quer muito uma coisa? Coloque ali seu coração. Qual é seu sonho? Uma boa saúde? Sonha com uma vida financeira mais confortável? Sonha com a paz em sua família? Quando eu coloco meu coração como principal instrumento para realizar meus sonhos, na verdade, eu estou apostando na fé, e, por meio de minha fé, depositando meus sonhos nas mãos de Deus, na certeza de que Ele vai realizá-los, pois a fé remove montanhas e tudo aquilo que não permite a realização de um sonho.

Qual é nossa busca agora? Qual é nossa busca hoje? Abraão buscava uma terra nova, mesmo sem saber a localização dessa terra, ele a buscava. Sara buscava ser mãe, com todo o coração, mesmo já com uma idade avançada. Jesus buscava fazer a vontade de Deus. Ele amava a vontade do Pai e deu sua vida por ela. Abraão, Sara e o próprio Jesus colocaram o coração em suas buscas. Buscamos um tesouro em nossa passagem pela terra. Para encontrar e manter a posse desse tesouro é preciso estar inteiro na busca, sem fragmentação. Ao empreender a busca com o coração pela metade, arriscamos ir atrás do tesouro errado. Já vimos muito isso em filmes de aventura: a pessoa passa a vida inteira atrás da arca do tesouro e quando a encontra, ao abri-la, há apenas pó. Ou seja, toda uma vida jogada fora.

Não desanime de sua busca, de seu tesouro. Ponha na busca o coração. Quanto mais longe da busca, mais fria a vida. Quanto mais perto do tesouro, mais quente, mais legal é viver! Quando tesouro e coração se coincidirem, então é só abrir espaço e dar boas-vindas à vitória...

23

ENFRENTAMOS SOZINHOS, COM A FORÇA DE DEUS, NOSSAS MAIORES BATALHAS

Quem pode avaliar o valor de suas conquistas senão você mesmo? A cada passo que você dá, rumo a sua vitória pessoal, existe uma multidão lutando com você. Faça de tudo para realizar seus sonhos sabendo que a única pessoa responsável por eles é você mesmo.

Temos duas bases: a realista e a idealista. A realista retrata o mundo como ele é. A idealista apresenta o mundo da forma como imaginamos. A realista nos tira as ilusões e alienações, faz-nos encarar nossas forças e fraquezas. É um mundo mais duro, mas é o mundo real; pede coragem, luta, força e fé. A base idealista anestesia, faz-nos acreditar em um mundo criado conforme nosso modo de pensar. Representação, portanto. É um mundo confortável; nele só entra quem queremos e nele podemos tudo. O problema é que ele não existe. Lembre-se de que o verbo realizar vem do substantivo realidade. Quer ser uma pessoa realizada? Não abra mão de enfrentar com coragem sua realidade e de estar bem com ela! Lutamos sozinhos nossas maiores batalhas! Vencemos e continuaremos a vencer! Por isso valorizemos, comemoremos, festejemos, celebremos cada passo bem dado. Afinal, só nós sabemos o esforço que fizemos para chegar onde estamos.

Gravitação universal; sonhos; reinos mineral, animal e vegetal; toda a história da humanidade; preocupações e medos do homem; coragem e luta também; toda lágrima, dor, sorriso, vitória, derrota, quedas e soerguimentos; aquilo que passa, aquilo que fica; emoções, desejos, decepções, alegrias, ar, suspiros, vida; bebê, menino, moça, adulto, idoso, enfim, toda a existência humana gravitando em torno do misericordioso Coração de Deus!

24

SE O MUNDO FALHA, DEUS NÃO FALHA JAMAIS!

O fato é que somos ligados à preocupação! Ninguém está despreocupado. Preocupamo-nos com o minuto seguinte, o mês, o ano, a década, a aposentadoria, a violência, a crise, os relacionamentos, a paz mundial, a fome no mundo, a vida em Marte, o alimento para o almoço, se vai chover, se vai ter sol, ufa! Por que nos preocupamos tanto, a ponto de perder a alegria? Ora, preocupamo-nos porque somos humanos, falíveis, precários, frágeis.

Diz Jesus, as aves do céu e os lírios do campo também são frágeis e não se preocupam, pois Deus providencia tudo para eles (Mt 6,25-34). Ao contrário das aves e dos lírios, existe um buraco existencial no coração do homem. Ele sabe de sua fragilidade, por isso se preocupa; na preocupação, termina por não se entregar a Deus. Ainda pior: quer ser um super-homem, caindo na ilusão de que o dinheiro compra tudo, até mesmo, Deus! Ninguém poder servir a Deus e ao dinheiro ao mesmo tempo.

Jesus reconhece nossa fragilidade e pequenez: "Não tenhais medo, pequenino rebanho". E para reafirmar o ânimo, ele propõe como remédio contra o medo acreditarmos na promessa de Deus: "Foi do agrado do Pai dar a vós o Reino". Porém existe uma condição: "Vendei vossos bens e dai esmola". Por quê? Porque nenhuma segurança do mundo é capaz de acabar com nossa preocupação. E o que devemos então fazer? "Bolsas que não se estraguem, um tesouro no céu que não se acabe; ali o ladrão não chega nem a traça corrói". Eis a solução que Cristo nos oferece: construir nossa confiança e nossa coragem em Deus. Se o mundo falha, Deus não falha jamais. Esse processo requer nossa entrega total a Deus, nosso próprio coração.

Se escolhemos confiar em Deus, mesmo sabendo que as preocupações fazem parte de nossa natureza, façamos um esforço de fé gigantesco para acreditarmos que tudo está nas mãos dele, o Senhor da nossa vida e da nossa história.

Para o ser humano é quase impossível uma vida sem preocupações. Por isso ter um Deus que sabe de nossas preocupações e nos diz: "Coloque tudo em minhas mãos", ah!, isso é libertador.

25

O AMOR DE DEUS É UM EVENTO QUE MARCA NOSSA HISTÓRIA E EXISTÊNCIA

Por que Deus se revela à humanidade e a cada pessoa? A resposta é simples e, ao mesmo tempo, profunda: porque Deus nos ama. Por isso faz-se presente em nossa vida. Deus é amor! O amor é a força que sustenta o mundo. É o ponto que equilibra todo o peso do universo. No mito caldeu de Izdubar-Nimrod, vendo-se desdenhada, a deusa Ishtar ameaça a Anu, deus do céu, de suspender só por um instante as leis do amor, que junta os seres, e, assim, acabar com toda a criação. O amor é a única condição que nos ajuda a manter nossa base de sustentação. O amor sustenta! Tudo o que tem como base o ódio, o rancor, o ressentimento autodestrói-se, não vinga, desfaz-se!

A partir dessa relação de amor, Deus se envolve conosco como um pai. É por isso que Ele não pode ser para nós apenas um conceito, uma ideia, uma abstração, mas Deus em nossa vida é um evento que marca nossa história. Quando isso ocorre, podemos mesmo tocar o infinito que Deus é, e nunca mais nos esqueceremos, ficará impresso para sempre em nosso coração. E, em muitas ocasiões de nossa vida, recordaremos desse acontecimento, desse toque do infinito. E isso nos manterá de pé.

Jesus quer nos dar uma arma contra o inimigo, e a única que pode frear o poder do inimigo é a do amor. O inimigo não pode fazer nada no coração da pessoa que ama, mas pode fazer festa no coração da pessoa que odeia. O ódio arrasa tudo, nada fica de pé. Não percamos chances, ocasiões, para exercitarmos nossa capacidade de amar. Infelizmente, fomos educados para não demonstrarmos fraqueza e quando falamos para alguém "Eu te amo" parece que estamos sendo fracos e deixando cair nossas defesas. Mas é o contrário, é exatamente nesse momento que estamos sendo fortes, pois aquilo que é fraqueza para o mundo, é fortaleza para Deus. Só os fortes dizem: "Eu te amo!"

Desse amor tão imenso de Deus, nasce a necessidade de meu amor a meu irmão. Porque essa é a única via que Deus coloca para minha vida: o amor. Somente na medida em que eu amo é que eu me assemelho a Deus.

26

RECONTANDO SUA VIDA PARA VOCÊ MESMO, PERCEBERÁ CADA MOMENTO QUE DEUS O PEGOU PELA MÃO, CONDUZIU-O, LEVOU-O NOS BRAÇOS!

Fazer a narrativa da própria vida! O que significa isso? Significa rever tudo o que aconteceu até agora em sua vida e procurar dar um sentido para cima, positivo. É ver uma única linha perpassando toda a sua vida, ligando cada fato, do ventre de sua mãe até o momento presente. Fazer uma narrativa da vida é entender sua história, os fatos, os acontecimentos, aquilo que, mesmo sem depender de você, aconteceu, e aquilo que aconteceu com sua colaboração direta. Entendendo sua história até aqui você poderá prever os próximos passos, as próximas escolhas e decisões. Fazer a narrativa da própria vida não é mudar seu passado, mas compreender sua história, e assim fazer o possível para ter a própria vida nas mãos. Não existe elogio, crítica externa ou estimulante melhor do que sua própria consciência dizendo: "Você está no caminho certo".

Não há nada mais importante que sua história e todos os fatos que trouxeram você até aqui. De uma coisa tenha certeza: em cada fato, cada coisa, cada evento, cada situação, Deus estava presente. Recontando sua vida para você mesmo, perceberá cada momento que Deus o pegou pela mão, conduziu-o, levou-o nos braços. Daí você verá que sua história é imbatível! Que nessa história você é o protagonista e que ela está sendo escrita a quatro mãos: você e Deus, sendo Ele o patrocinador.

O homem é o narrador de si mesmo. Sua história é sua história e só você pode valorizá-la como ela merece. Só você e Deus. E mais ninguém!

27

DEUS É INFINITO EM ATUALIDADES. O HOMEM, EM POSSIBILIDADES!

Por nossa alma trazemos a eternidade em nós, pois nossa alma é eterna. Nosso corpo nos lembra que somos também da terra. Governa-nos a lei do céu, mas estamos sujeitos às leis da terra. O que Jesus pede a nós é o discernimento: "Dai a César o que é de César e a Deus o que é de Deus". Se é assim, se nosso endereço é o céu por que então a terra? Porque, de certa forma, estamos em gestação, é necessário passar pela terra e cumprir bem nossa missão aqui. Assim nascemos para a vida eterna. Alegremo-nos: o melhor está para acontecer.

Precisamos inaugurar um saudável humanismo. A pessoa humana não é só alma, ou ela seria um anjo. Não é só corpo, ou ela seria um objeto. A pessoa humana é corpo-alma, e assim deve ser respeitada e amada. O outro é um santuário, não o profane. Peça licença para entrar. Todo cuidado é pouco. Antes se dizia: "Salvemos as almas!" E, assim, relativizava-se o corpo, que podia não ter teto, não ter chão, não ter prato, não ter dignidade. Hoje se diz: "Basta o corpo!" É o caminho mais curto para a depressão. Vamos respeitar o ser humano naquilo que ele é: gente! Não é um anjo, não é um objeto.

É pessoa criada por Deus, com livre-arbítrio. Cai, levanta, segue! Pensa por si mesmo. Tem autonomia. Cada homem, cada mulher é um cosmos de sonhos, lutas, vitórias, derrotas, contradições, acertos. Deus é infinito em atualidades. O homem, infinito em possibilidades. Quando a possibilidade do homem se encontra com a atualidade de Deus, o milagre acontece.

Respeitemos o ser humano e sua capacidade de pensar por si e fazer suas próprias escolhas!

28

A VIDA HUMANA É PURA DINAMICIDADE QUE EXIGE LUTA, POSITIVISMO E ENTUSIASMO!

Certo grau de pessimismo contaminou a cultura humana. Muitos definiram a vida como angústia, náusea, tédio, morte. Como não estamos imunes à cultura, mas imersos nela, somos contaminados por esse pessimismo, e a vida torna-se um fardo difícil de carregar. Olha só o que está escrito na placa sobre a porta do quarto do papa Francisco: "Proibido ficar se lamentando. Quem desobedecer está sujeito a uma síndrome de vitimismo, com consequente abaixamento do bom humor e da capacidade de resolver problemas. É ainda pior quando se lamenta na presença de crianças. Para tirar o melhor de si é preciso se concentrar sobre as próprias potencialidades e não sobre os próprios limites".

Para quem crê no evangelho, o Senhor fala que a vida é festa. De casamento! O noivo é Cristo! Queiramos ou não, nós somos convidados para a festa que a vida é. O convite está em nossas mãos. Festar só depende de nós! Olhemos para as coisas boas acontecendo em nossa vida, coloquemos a melhor roupa e participemos da festa de Deus. Em Deus, a vida não é drama, mas festa!

Não podemos deixar nossa luz se apagar, pelo contrário, ela deve estar ACESA, pois essa é a condição para participar da FESTA. Peçamos, insistentemente, a Deus que sua luz não se apague. Mas que ela brilhe para o mundo e para as pessoas. Não permitamos que ninguém apague nosso brilho por pura inveja. Reajamos! O brilho de nossa LUZ vem do óleo de nossa FÉ, por isso ninguém pode apagá-la!

Não se conforme com o que você é agora. Coloque seu foco naquilo que você poderá vir a ser. Rejeite uma vida passiva, na qual você já "jogou a toalha" e se pôs a chorar o "leite derramado" de um passado que, por ser imutável, simplesmente não existe mais. Olhe para frente. Viva sem medo o único modo como a vida humana se apresenta: Pura Dinamicidade, que exige sua luta, seu positivismo, seu entusiasmo e sua gana para vencer. Vá fundo! No Céu, Deus torce por você!

29

É PRECISO MOSTRAR, SEM EQUÍVOCOS, QUE JÁ ESCOLHEMOS NOSSA PARTE: ESTAR COM DEUS

Já aqui, no início de sua vida pública, Jesus deve enfrentar seu mais ferrenho inimigo, o diabo. No princípio, o diabo era um espírito bom, mas que se rebelou contra Deus. Causa? Soberba e autossuficiência: queria amar a Deus apenas com suas forças, sem a GRAÇA de Deus. Santo Tomás de Aquino afirma que "o diabo não pecou desejando um determinado mal, mas desejando um determinado bem": amar a Deus, sem Deus! Portanto se ajo esquecendo-me que em minha vida TUDO é GRAÇA de Deus, estou agindo de forma diabólica, lembrando que a palavra diabo no original grego significa separação. Se a vida que eu levo é separada de Deus, já não estou mais da parte de Deus, mas da outra parte. A partir de sua caída do Céu, o diabo tornou-se o inimigo de Deus, refestelando-se na soberba, orgulho e autossuficiência. Mas, esperto que é, sabendo que não pode atingir Deus, ele tentará atingir o homem, amado por Deus. Jesus teve em toda a sua vida terrena de lutar contra o inimigo. E venceu todas as batalhas.

Em dois episódios o inimigo foi com tudo: a tentação no deserto e a tentação na Cruz. Na tentação do deserto as armas do inimigo eram oferecer a Jesus a autossuficiência, pois ele sabia que toda autossuficiência é negação de Deus. Negar a Deus é, automaticamente, estar com o inimigo. Jesus não caiu nessa. Um outro momento foi quando Jesus estava na Cruz, agonizando, injustiçado, abandonado por todos. Foi a mais intensa investida do inimigo, que queria se valer de uma atitude de ódio e revolta da parte de Jesus, diante da dura situação que passava. Mas o que aconteceu? Jesus teve uma atitude de puro amor e pediu ao Pai o perdão para todos que lhe fizeram mal! De novo, Jesus vencendo o inimigo.

O papa Bento XVI dizia que estamos entre duas grandes energias: a do Bem e a do Mal. Não deixe se contaminar pela força do mal. O mal se aproveita de palavras, gestos, situações, conversas e pode, até mesmo, vir de pessoas que querem seu bem, pois o mal é astuto. Portanto REAJA. Conecte-se com Deus, que o ama e quer seu verdadeiro bem.

Desde então, o inimigo é como um leão amarrado. Mas que ainda pode atacar quem se aproximar dele. Temos dentro de nós um lobo bom e um lobo mau. Vence aquele que alimentamos. É preciso mostrar, sem equívocos, que já escolhemos nossa parte, que é estar com Deus.

30

TAMBÉM NÓS UM DIA TEREMOS A EXPERIÊNCIA DE PRESENCIAR O AMOR DE DEUS EM SUA ESSÊNCIA!

Por que Jesus reservou a apenas três discípulos, Tiago, Pedro e João, o privilégio de fazer uma profunda experiência religiosa de transfiguração (Mt 17,1-13)? Porque, além de discípulos próximos, Jesus leva Pedro por sua autoridade, leva João pelo amor e leva Tiago pelo martírio. Eles mal poderiam imaginar a experiência profundamente marcante pela qual passariam. Jesus os leva para o Monte Tabor e ali no alto se transfigura na frente deles. Ao menos por um instante, no tempo em que durou o fenômeno da transfiguração, aqueles três discípulos tocaram na essência de Deus. Foi tudo muito intenso e também muito breve. Para os discípulos foi uma experiência inesquecível.

E por que tocaram na essência de Deus? Porque quando Jesus se transfigura, mostra para a humanidade aquilo que ele é: AMOR. E Pedro, Tiago e João presenciaram isso! Somente Deus pode se transfigurar, ou seja, passar da matéria para o espírito. Cristo quis se transfigurar para mostrar aos homens sua glória. É isso que Pedro, Tiago e João veem: a glória de Deus. Eles viram a essência de Deus. Tiveram a experiência de presenciarem o essencial. De mergulhar no essencial. O que significa essencial? Vou explicar: qual a essência do fogo: queimar! Qual a essência da água: molhar! E qual a essência de Deus? Amar! Então aquilo que Pedro, Tiago e João fazem, ainda que por um momento curtíssimo, é ver Deus face a face. Fizeram um mergulho profundo no amor de Deus, e aquilo os marcou para sempre.

Também nós um dia teremos a experiência de presenciar o amor de Deus em sua essência. Imagine se você tivesse ouvido falar sobre água durante toda a sua vida, sem jamais ter tido a possibilidade de tocá-la, de mergulhar sua mão na água. E quando, em um belo dia, você consegue tocá-la, imagine sua sensação: você tocou na essência da água. Assim também é com Deus. Nós sempre ouvimos falar de Deus, porém, mais do que ouvir, temos de ao menos tentar tocar sua essência, mesmo que seja por instantes, assim como aconteceu com os discípulos.

31

O QUE ACONTECEU COM O CRISTO UM DIA ACONTECERÁ CONOSCO

Ressuscitado, Jesus glorificado, ceia com seus discípulos, às margens do mar, no local de trabalho deles. Mesmo além do mundo físico, como a ressurreição e a transfiguração, Deus não é uma abstração, um fantasma, uma ideia etérea. Por mais espantoso que possa parecer, Deus está aqui e agora, do nosso lado, comendo conosco, vivendo conosco, aqui, pertinho de nós. Pensar diferente é cair em um ateísmo prático, matando Deus em nossa história. Estaremos vivendo na fé da transfiguração e da ressurreição, na medida em que permitimos a companhia de Deus em todos os momentos de nossa vida. Sabe essa força que nos impulsiona, entusiasma-nos e nos faz querer vencer? É Ele. Portanto não abramos mão disso.

Não devemos abrir mão, pois o que aconteceu com o Cristo um dia acontecerá conosco. Na transfiguração, Jesus tem seu corpo glorificado. E nós podemos nos perguntar: o que estamos fazendo com nosso corpo hoje? Acreditamos na ressurreição da carne, professamos a fé em um corpo ressuscitado. Santo Tomás explica que, mesmo depois da morte, ainda que nossa alma tenha a visão beatífica, ainda que nossa alma contemple a Deus, estará ainda faltando alguma coisa? Que coisa é essa? Nosso corpo, que receberemos no dia do juízo final. Aí sim, tudo estará completo, pois o ser humano não é só corpo. O ser humano não é só alma. Ele é corpo e alma.

E para que possamos gozar desse momento na eternidade, o que devemos fazer? O Deus Pai nos dá uma resposta apontando Jesus: "Este é o meu filho amado, escutai o que ele diz". Depois que Deus nos manda escutar Jesus é como se ele se calasse para sempre. Para tudo aquilo que devemos e queremos saber, Jesus é a resposta. Jesus é a perfeita revelação de Deus Pai. Em Jesus Deus Pai disse tudo, e ponto final. E quem ousar perguntar mais alguma coisa, ofende a Deus com sua fé, pois Jesus é a Palavra do Pai.

Para fazer a experiência da eternidade
é preciso escutar Jesus.

32

QUEM SABE NÃO ESTAMOS PRECISANDO FAZER A REVOLUÇÃO DO AFETO? E ASSIM TER UM MAIOR EQUILÍBRIO EM NOSSAS RELAÇÕES

Episódio fascinante, fantástico, maravilhoso, tocante à cura da sogra de Pedro (Lc 4,38-41). Existem três verbos importantes nesse episódio de cura: *aproximar, segurar e levantar*. Verbos importantes que poderíamos também aplicá-los em nossa família: ***Aproximar:*** na família ser aquele membro que está sempre próximo. A proximidade já é o começo das curas emocionais e físicas, e a Palavra de Deus deixa isso bastante claro. Jesus se aproxima. Logo após, Jesus segura a mão daquela senhora. Segurar a mão, tomar as mãos, que gesto fundamental. ***Segurar*** as mãos e dizer: "Não tenha medo, eu estou aqui com você". E como nós precisamos desse gesto em família. Dar uma mão, ajudar, auxiliar. E logo após, Jesus levanta a mulher da cama. ***Levantar,*** fazer um esforço para que nosso irmão saia daquela posição de morte e venha à vida.

Não foi preciso Jesus dizer uma única palavra, um único gesto espetaculoso. Para curar a sogra de Pedro da febre, que estava tirando sua vida, Jesus utilizou gestos humanos, teve uma atitude humanizadora: aproximou-se dela, segurou sua mão e a levantou da cama. Esse primeiro milagre que Jesus faz no início de sua vida pública no seio de uma família tem muito a nos dizer.

Um corpo humano com febre é um corpo que está desequilibrado. Assim sentia-se a sogra de Pedro, por isso estava deitada, totalmente desequilibrada pela febre. O gesto humanizador de Jesus é um verdadeiro milagre na vida daquela mulher. Os gestos de afetos que Jesus tem para com ela – aproximar-se, pegar na mão, levantar – são gestos afetuosos, que devolvem o equilíbrio para a sogra de Pedro. Jesus a cura pelo afeto, pelo amor e pela atenção. Que possamos colocar em prática esse método de cura empregado por Jesus. Que tenhamos uma família equilibrada por nossa proximidade, por nosso interesse e por nosso afeto. Vale para a família, mas vale também para a comunidade, para o mundo. Quem sabe não estamos precisando fazer a revolução do afeto, e assim ter um equilíbrio maior em nossas relações? Jesus não falou nada, não fez nenhum gesto, apenas humanizou uma situação. Muitas vezes, basta sermos mais humanos para levarmos a cura a nossos irmãos. Quando a febre toma a sogra de Pedro o equilíbrio desaparece. Isso nos ajuda a pensar em nossa própria vida.

A vida humana é caracterizada pelo desequilíbrio. Passamos a vida tentando nos equilibrar aqui e ali. A vida, muitas vezes, é um caos e nos sentimos como náufragos, à procura de uma tábua de salvação. Muitas vezes, um gesto de afeto, de amor, de atenção pode, sim, representar essa tábua de salvação e fazer com que o equilíbrio retorne para nossa vida. A vida não é zona de conforto, a vida é corda bamba, e na corda bamba o equilíbrio é fundamental.

33

O HOMEM É ANIMAL-RACIONAL E É O RACIONAL QUE NOS APROXIMA DE DEUS

"Olhe as estrelas e não seus pés", diz um dos homens mais inteligentes do mundo, Stephen Hawking. Aos vinte anos, os médicos disseram que ele não duraria muito; ledo engano: teve uma vida longa e foi responsável pelas mais importantes descobertas da física nas últimas décadas. Paralisado em uma cadeira de rodas e falando somente por meio de um complexo aparato tecnológico, que ele fazia funcionar pelo movimento de suas bochechas, dizia com ânimo: "Jamais joguem a toalha!" Mesmo preso a sua cadeira, Hawking foi capaz de nos levar até as esquinas do universo sem-fim! Bendita inteligência humana!

Hawking, não obstante as dificuldades que enfrentava, foi protagonista de sua vida e de sua história. Por muito menos, muita gente desistiria e entregar-se-ia à murmuração. Não Hawking. Ao fim da vida, traçava projetos que permitissem meios para o homem morar fora da terra, já que a vida aqui, segundo ele, é possível durante mais ou menos 1.000 anos. Bastante vaidoso, procurava trajar-se sempre bem, como um autêntico *gentleman* inglês, e foi assim que ele foi aplaudido intensamente pela juventude espanhola no Festival Starmus. Está esperando o que para se inspirar em Hawking? Simplesmente espantoso que um dos caras mais inteligentes da terra não conseguisse mover um único músculo do corpo, mas sua mente voava! O homem é "animal-racional", e é o "racional" que nos aproxima de Deus. Com o "racional", Hawking amou, descobriu coisas, ensinava, fazia rir as pessoas. Com seu "racional" ele pensou sobre as profundezas do Universo, e assim, pensando sobre as profundezas do Universo, não havia como não tocar os dedos de Deus!

Dar frutos! Essa é a expectativa de nosso Deus a nosso respeito. Multiplicar nossos talentos. Realizar em nós a força maravilhosa que Ele mesmo colocou em nosso peito, eis nossa missão! Muitas pessoas agem como o Exterminador do Futuro, ou seja, sabotam totalmente o projeto de felicidade e sucesso que Deus pensou para elas. Comprometem totalmente seu futuro, e, muitas vezes, o futuro das pessoas que estão a seu redor. Frutifique, acredite, arrisque-se. Não desperdice o terreno que é sua vida. Nosso Deus é paciente e espera nossa reação. Frutificar e não exterminar. E comece a viver já o melhor!

34

JESUS É CAMINHO, VERDADE E VIDA, NA CULTURA DA CORDIALIDADE!

Jesus não é uma ideia, uma ideologia. Jesus é um projeto de vida, ao qual podemos aderir ou não. O que significa a palavra projeto? É aquilo que está aí, em minha frente. O projeto representa o laço entre o presente e o futuro. É a mola do dinamismo. Ao início, o projeto gera instabilidade, mas logo depois se estabiliza. Jesus é nosso melhor projeto, pois Ele mesmo diz: "Eu sou o Caminho, a Verdade e a Vida" (Jo 14,6).

Caminho: não se distrair em atalhos. Dar cada passo em Jesus, cada parada, cada retomada até chegar lá.

Verdade: Quando estamos na verdade, estamos na luz. A verdade sempre nos surpreende, espanta-nos e assombra-nos. Caminhar na verdade é viver um processo contínuo de libertação. Fazer de Cristo nossa verdade é descobrir, a cada momento, quem realmente somos.

Vida: Quando Jesus se coloca como nossa vida, simplesmente, está dizendo que é tudo para nós, pois a vida é tudo. A vida, como origem de tudo, é nossa realidade mais radical. A vida é algo tão importante, que Jesus nos dá a própria vida. Viver Jesus como nossa vida é o máximo de autenticidade. É começar a ser aquilo que nós realmente somos: filhos de Deus.

Para viver o projeto "Jesus, Caminho, Verdade e Vida" é preciso viver a cultura da cordialidade. Ver a realidade não de modo aparente, mas de maneira cordial, com o coração. Nós só conseguiremos viver Jesus como um projeto de caminho, verdade e vida, quando passarmos a vermos a realidade com os olhos do coração.

35

EXISTE APENAS UMA ÚNICA COISA QUE EU NÃO POSSO DEIXAR DE FAZER NO MOMENTO DA CRISE: PERDER O CONTATO COM DEUS

O problema não é viver uma crise. O que devemos perguntar é que distância existe entre a nossa crise e Deus. Tudo vai depender disso. Há três crises que podemos passar: a crise existencial, a crise material e a crise espiritual. Por que elas são dramáticas? Porque a crise existencial me tira de mim. A crise material me tira do mundo. A crise espiritual me tira de Deus. Ou seja, a crise abala minha identidade como ser humano, pois ser humano é estar em relação consigo mesmo, com o mundo e com Deus. Assim, a crise me joga na ausência, no vazio e no isolamento. É como se eu fosse um meteoro completamente solto no ar, pronto a explodir no próximo obstáculo que encontrar e arrastar tudo. Como a crise me joga no vazio isso gera em mim uma grande angústia. Para todo lado que eu olho só vejo fragmentos, não vejo soluções, não vejo saída.

Nos três anos que passou na terra, Jesus teve de enfrentar uma crise. E ela era tão complexa que terminou levando-o para a Cruz. Mas em nenhum momento da crise Jesus duvidou que Deus estava com ele. Houve momentos agudos de crises e embates. De um lado, Jesus e o povo necessitado. De outro, os fariseus, doutores da lei. Eles acusam Jesus de estar possuído pelo pior inimigo. Mas Jesus resiste, valendo-se da mais absoluta intimidade com o Pai. Existe apenas uma única coisa que não podemos deixar de fazer no momento da crise: perder o contato com Deus. Ele é a luz que vemos no túnel escuro que a existência repentinamente se tornou. Na crise devemos fazer como Jesus, colocar Deus em primeiro lugar e tentar discernir qual é sua vontade. Se não caímos na tentação do inimigo, de querer passar sozinhos pela crise, e, pelo contrário, seguramos firme nas mãos de Deus, em um dado momento, pela força divina, a crise que era escuridão passa a ser luz, a crise que era deserto passa a ser terra fecunda, terra fértil, e assim será possível criar, pois toda crise que passamos segurando na mão de Deus deixa de ser ***crise*** e passa a ser ***crie***.

O Espírito Santo pode fazer da crise não mais uma situação de vazio, de ausência, de angústia. Mas uma situação de ânimo, de coragem, de fé, até mesmo de alegria, de paz, ingredientes necessários para passar da crise para o crie!

36

O HOMEM JAMAIS PODERÁ SER REDUZIDO A UM SIMPLES OBJETO, POIS É O ÚNICO SER "CAPAZ DO INFINITO"

Havia um tempo em que a vida humana valia muito. Fatos que atentassem contra ela causavam verdadeira comoção social. Hoje, a impressão que temos é de que atentados contra a vida tornaram-se banais, tanto que viraram espetáculos nos telejornais da tarde, noticiados à exaustão, e depois, esquecidos. Mas por que em pleno século XXI, em que se esperava que as condições materiais e tecnológicas pudessem proporcionar uma vida mais digna para todos, constata-se que, contrariamente, as coisas não andam tão bem assim? O que deu errado? Arrisco uma resposta: a tentativa de, mais uma vez, colocar o homem no lugar de Deus.

A cultura ocidental, querendo construir um humanismo radical, tentou tirar Deus do cenário, esquecendo-se de que a dignidade do homem nasce justamente do fato de que ele é imagem de Deus. Não à toa, no século XIX, o filósofo alemão F. Nietzsche deu voz a uma sentença que já pairava no ar e que viria a marcar nossos tempos: "Deus morreu". Assim, abriu-se a porta para a ideologia secularista, que não admite mais Deus como o árbitro da humanidade, já que Ele está morto. Negando Deus, essa ideologia termina por negar o próprio homem, considerando-o um mero dado da evolução, mais um objeto entre tantos a ser manipulado, explorado, consumido. Nesse cenário, o homem perde seu valor intrínseco, ou seja, o valor que lhe advém de sua própria essência, e passa a valer somente enquanto for útil às múltiplas ideologias: econômicas, políticas, financeiras, fundamentalistas, culturais etc. Tornou-se urgente resgatar o valor incondicional da vida humana, colocando Deus como fundamento da própria existência. Essa é a única garantia para o homem. Ainda que seja um ser no mundo, o homem transcende o mundo. *O valor do homem brota da participação de seu ser no ser do próprio Deus.*

Entre as criaturas o homem é o que participa do Ser Divino com mais intensidade. A grandeza de qualquer homem é ser imagem e semelhança de Deus. Portanto o que define essencialmente o homem é a sua semelhança com o Criador. Em sua filiação divina o homem é um mistério, trazendo consigo uma dimensão escondida, desconhecida, misteriosa, que ninguém pode atentar contra!

37

OU SOMOS PESSOAS MISERICORDIOSAS OU NÃO SOMOS CRISTÃOS

A misericórdia é o jeito de ser cristão no século XXI. O grande maestro que tem orquestrado esse tema é o papa Francisco. Ele tem buscado inserir a virtude da misericórdia no coração das pessoas. Jesus, em sua passagem pelo mundo, não perdeu tempo com abstrações e elucubrações idealistas, pelo contrário, Jesus era muito atento às reais necessidades das pessoas. Papa Francisco, ao propor a misericórdia, trilha o mesmo caminho.

O mundo que o papa Francisco vê é um mundo sedento e carente de misericórdia. Um mundo onde a intolerância vai tomando cada vez mais espaço, um mundo onde a miséria, a pobreza, a desigualdade social começam, mais uma vez, a crescer, um mundo onde a ciência e a tecnologia pensam tomar o lugar de Deus, prometendo ao homem um paraíso aqui na terra, agora e já. Deus morreu, dizia alguém no século XVIII. Deus é a garantia da dignidade do homem. Se Deus morreu, e a nossa cultura acredita nisso, então tudo é permitido. Se Deus morreu a vida humana corre um grande risco. Assim, vivemos uma época em que a vida humana é banalizada, relativizada, desvalorizada. Sobretudo por conta da falta de misericórdia.

A misericórdia que vem do Cristo se dá já em sua revelação ao mundo. Seu nascimento porta uma grande esperança. Sua misericórdia se dá na cruz, é o sofrimento solidário. Sua misericórdia se dá também na ressurreição, é o recomeço. A vida de Jesus é plena de misericórdia em todos os seus momentos. Assim como Jesus, também nós devemos deixar crescer em nós a misericórdia. Ou somos pessoas misericordiosas ou não somos cristãos. Ser misericordioso é passar a julgar as coisas com o coração. É se perguntar: o que Jesus faria neste momento? Qual seria o procedimento do Senhor? O caminho da misericórdia é pedir: "Jesus, manso e humilde de coração, fazei meu coração semelhante ao vosso". Ser misericordioso é ter um coração como o de Jesus.

Temos de olhar as pessoas com os óculos da misericórdia! Como Jesus olhava. Se o mundo não mudar, ao menos nós teremos mudado!

38

QUANDO TEMOS UMA MISSÃO E NOS DEDICAMOS A ELA COM HONESTIDADE E ALEGRIA, DEUS FAZ DE NOSSA MISSÃO UM PROJETO DELE E OPERA COM SEU PODER PARA QUE POSSAMOS TER ÊXITO

Quando se tem uma missão, Deus faz de nossa missão um projeto dele, e nos ajuda para que nossa missão possa realizar-se. Jesus propõe aos discípulos uma missão: anunciar o evangelho (cf. Lc 10,1-24). Os discípulos passam por problemas, privações, mas realizam o que Jesus pede. Revelar ao mundo o Deus de amor. Para cumprir esse projeto de vida, muitos dos discípulos darão, até mesmo, a própria vida.

Jesus os envia de dois em dois e recomenda que levem apenas um cajado e a roupa do corpo. Eles devem ficar nas casas das famílias, que devem recebê-los e, assim, serem abençoadas. Eles devem pregar, exorcizar e curar, dizendo que o Reino chegou para todos que se encontram cansados e abatidos, como ovelhas sem pastor. Os discípulos retornam alegres, contando as maravilhas que aconteceram nessa missão.

Assim como Jesus deu uma missão aos discípulos, assim Deus dá uma missão para cada um de nós. Não viemos ao mundo a passeio. Ao contrário, viemos para realizar algo grande, importante, marcante. Missão é onde colocamos nosso coração. Onde está nossa missão ali deve estar nosso coração. A missão está sempre vinculada a um ideal. Missão envolve ação. Missão envolve criação. Missão é redenção. Missão é satisfação. Quando não damos conta de nossa missão, a vida perde a dinâmica e o sentido. Estaciona.

Cada um de nós deveria discernir qual é sua missão e lutar por ela, colocar nela tudo de si, para que ela tenha êxito. Às vezes, nossa vida não dá certo porque simplesmente não sabemos qual é nossa missão.

Não importa nossa idade ou condição social, mas temos de saber aquilo que é essencial para nós e fazer o possível para realizá-lo. Nossa missão nos aponta o caminho. Quando sabemos onde queremos chegar o mundo se afasta e nos deixa passar.

Devo perguntar-me sempre: qual é minha missão? É um projeto honesto, sincero, reto e eu estou colocando nele toda a minha energia e talento para realizá-lo? Porque se eu estou fazendo desse modo não existe possibilidade dessa missão terminar em nada.

39

A FÉ É PARA QUEM NÃO SE CONFORMA COM O RUMO DAS COISAS E QUER MUDÁ-LAS!

A índole humana nos leva a querer aquilo que é igual, mas Deus é diferente. Queremos o pão da terra, igual a qualquer outro pão. Deus se mostra como o Pão do Céu (Jo 6,51), diferente de todos os outros. A cultura materialista prega que podemos ser deuses e por isso podemos tudo, liberdade absoluta! Esse foi o pecado do inimigo, esse foi o pecado de Adão: querer ser igual a Deus. O mundo nos propõe a ditadura da uniformidade, que busca abolir as identidades que nos diferenciam. Mas Jesus veio dizer que tem algo diferente para nós. Quem se alimenta do Pão do Céu é diferente, vê a realidade de maneira diferente, de maneira nova! O mundo dá sempre o igual: o pão da terra, Jesus dá o diferente: o Pão do Céu.

Por isso devemos procurar o diferente em nossa vida e não cair no comodismo, que tira o sabor de viver. Descobrir o novo a cada dia. É preciso não se conformar em perceber tudo igual. Abandone o coro dos conformados, redescubra Deus em cada situação diferente de sua história. Reconheça que o diferente que Deus traz completa tudo o que falta em você, preenche todas as lacunas. Para fazer a diferença é preciso viver o diferente proposto por Deus, ao contrário da mesmice do mundo.

O que devemos fazer? Acreditar que tudo pode ser diferente da situação que vivemos em determinado momento. Deus é diferente do homem. Jesus veio dizer que tem algo diferente para nós. Jesus é o Pão diferente: Pão do Céu, que alimenta nossa alma e nos dá forças para viver. Quem come o Pão do Céu é diferente. Vê a realidade de maneira diferente, na perspectiva da vida nova.

À pergunta: "Que buscas? Que desejas?", responde que era Deus que desejavas ter: "E só a ele que cobiço, e só a ele que busco e nada mais, senão ele". E se te perguntar quem é esse Deus, responde que é o Deus que te criou e redimiu e por sua graça te chamou ao seu amor. Insiste que acerca dele tu nada sabes.

40

É NA LIBERDADE QUE O SER HUMANO ENCONTRA DEUS

Dois homens, que não faziam parte dos 70 anciãos escolhidos por Moisés, profetizavam. Josué pede a Moisés que eles se calem. Moisés responde: "Quem dera todos profetizassem" (Nm 11,29). Outro homem expulsava o inimigo no nome de Jesus, mas não era do círculo dos discípulos. Os discípulos então pedem que Jesus o proíba. Jesus diz: "Quem não é contra nós é por nós" (Mc 9,38-50). Tanto os que andavam com Moisés como os que andavam com Jesus queriam cercear a liberdade de outros. Mas tanto Moisés quanto Jesus se recusam a fazer isso. O ser humano é livre. É na liberdade que o ser humano encontra Deus.

O ser humano é criado por Deus para ser livre e nada pode cercear essa liberdade. O ser humano tem sempre dois campos de decisão, a razão e o coração. Quando, dotados de nossa liberdade, tomamos uma decisão com a razão, dizemos que tomamos uma decisão racional. Quando tomamos uma decisão com nosso coração, dizemos que tomamos uma decisão cordial. Não devemos tomar nenhuma decisão em nossa vida só com a razão nem só com o coração. Toda decisão de nossa vida devemos primeiro tomá-la livremente. E, na liberdade, devemos unir nossa razão e nosso coração. Aí sim, será uma decisão que tomaremos com todo o nosso ser. Uma decisão, tomada com a liberdade, unindo razão e coração, tem tudo para ser uma decisão acertada.

O homem cresce apenas se tiver liberdade. Traçamos aqui três tipos de liberdade. A primeira e mais importante é a liberdade espiritual. É justamente essa que Moisés e Jesus admitem. Deus jamais impõe nada a ninguém. Ele nos mostra seu amor. Ele nos mostra sua misericórdia. Ele propõe, cabe a nossa liberdade aceitar ou não. Tem um quadro muito popular que traz Jesus batendo em uma porta. No quadro, a porta não tem trinco por fora, somente por dentro. Jesus bate à nossa porta, mas somente nós podemos abri-la.

A liberdade material é exercida quando temos consciência de que não somos escravos do mundo nem de ninguém, não somos escravos de pessoas, de coisas, de afetos, da sensualidade, da pornografia, de nada e de coisa nenhuma. Tudo que entra em nossa vida depende de nossa vontade e liberdade. Assim, podemos optar por sermos completamente livres.

A liberdade existencial é aquela interior. Sabemos que somos livres e nenhuma ação externa pode efetivamente nos atingir, tirar nossa paz ou nosso humor. Ao nos sentirmos livres interiormente, vamos nos fortalecendo para que nada que venha de fora possa nos derrubar. Somente exercendo nossa própria liberdade estaremos vivendo nossa identidade de filhos de Deus.

O elefante de circo, quando bebê, é amarrado a uma estaca para não fugir, e, mesmo adulto e forte, não foge, ainda que tenha forças para isso. A águia criada em um galinheiro, mesmo podendo dar um voo majestoso, pensa poder apenas dar um voo curto de galinha. É preciso reconhecer nossa força! Deus não nos criou para sermos menos, e sim, mais. Exercer nossa liberdade nos faz mais humanos, e assim temos espaço para crescer cada vez mais! Derrubar as estacas que nos prendem! Sermos livres para voar!

41

COMPREENDEMOS MELHOR A REALIDADE QUANDO NOS COLOCAMOS "A SERVIÇO" E NÃO "PARA SER VISTO"!

Jesus tentava explicar para os discípulos o que aconteceria a partir do desfecho de sua missão na terra, porém eles, desatentos, discutiam quem entre eles era o maior (Lc 9,46). Jesus, o maior de todos, estava ali no meio, mas a soberba do coração os impedia de ver isso. Mergulhados na soberba, os discípulos perdem a medida da realidade. Ela é um dos primeiros vícios capitais. Vício capital porque dele advém outros. Da soberba advêm, por exemplo, a vanglória e a inveja.

Narciso, ao nascer, recebeu a profecia que teria uma vida longa e feliz, mas, caso olhasse para o próprio rosto e o admirasse, morreria. Ao passar por um lago, Narciso viu a própria beleza refletida. Não resistindo, fitou-se. Caindo em uma admiração sem-fim, morreu. Assim com Narciso, assim com cada um de nós. Quando pensamos ser os melhores, caímos em uma autoadmiração vazia. Porque se vangloriavam, os discípulos perderam a medida da realidade.

Naquele momento, os discípulos não têm a medida da própria realidade. Jesus, então, dá a eles a medida da realidade. Compreendemos melhor a realidade quando nos colocamos "a serviço" e não "para ser visto". Conhecemos melhor a realidade quando nos colocamos por último. Essa é a realidade que devemos viver. Porém fazemos o oposto. Queremos ser os primeiros da fila. Se porventura pensamos e nos convencemos de que somos melhores que os outros, já perdemos a noção da realidade, porque neste mundo ninguém é melhor que ninguém. O cristianismo é a religião da autenticidade, da renúncia, do serviço, daquele que quer colocar-se por último e servir. Por isso não é fácil ser cristão.

Porque se vangloriavam, os discípulos não conseguiram focar naquilo que era o mais importante, Jesus. Perderam a medida da realidade. Quando nos colocamos como primeiros, não vemos mais ninguém a nossa frente. Mas quando nos colocamos por último, vemos todos.

42

RENUNCIAR ÀS ILUSÕES QUE O MUNDO COLOCOU EM NOSSO CORAÇÃO. VOLTAR A SER NÓS MESMOS, VIVENDO UMA VIDA MAIS AUTÊNTICA POSSÍVEL

A publicidade busca iludir o ser humano para vender produtos. A cada momento recebemos mensagens que tentam nos convencer de que podemos ser ricos, felizes, imbatíveis e imortais. Ledo engano. Essa máquina potente de vender enganos e ilusões que faz o mundo funcionar. O motor do mundo contemporâneo é o consumo de coisas supérfluas. Assim, para que se consuma cada vez mais, valem-se de estratégias de sedução. A grande ironia é que, no mundo do consumo, o ser humano é o primeiro a ser consumido.

Em um mundo assim configurado, a primeira ideia que cai é aquela de sacrifício, de cruz. Se o mundo dita que o sentido principal da vida é o prazer, por que eu devo me sacrificar? Somos treinados para eliminar todo sacrifício eventualmente presente em nossa vida.

Nesse sentido que devemos entender o evangelho da cruz de Jesus, essencial para entendermos a engrenagem da existência humana. É preciso renunciar a nós mesmos, como diz o Cristo. Renunciar não ao que somos, mas ao que nos tornamos. Renunciar às ilusões que o mundo colocou em nosso coração. Voltar a ser nós mesmos, visando a autenticidade de vida. E isso significa "tomar nossa cruz". Jesus não procurou cruz alguma; a cruz estava no horizonte de Jesus, assim como já está em nosso horizonte. O que significa isso? Significa que a cruz faz parte da realidade da vida humana.

Devemos entender de uma vez por todas: a vida não é fácil para ninguém. Viver é para os fortes! Por isso não podemos ficar nos lamentando, fazendo papel de vítima, achando que quando Deus criou a fila da desgraça entramos nela várias vezes. É preciso enfrentar a própria cruz e aceitar os fatos da vida. Tentar superar a realidade não com ilusões, mas de cabeça erguida.

Renunciar às ilusões, aceitar a realidade da vida como ela é, e assim seguir Jesus. Aqui está o segredo de nossa serenidade e de nossa sanidade mental, enfim, de nossa paz!

43

DESVIAR-SE DO MOVIMENTO DO ÓDIO, INSERIR-SE NA DINÂMICA DO AMOR

Não é novidade para ninguém que Jesus propõe um novo jeito de ser, e, nesse novo jeito de ser, o que impera é a lei do amor. Para Jesus, a cada vez que retribuir amor, o amor crescerá. Quando se tenta retribuir amor, em uma situação em que fomos incompreendidos, humilhados ou prejudicados, a força do amor aumentará ainda mais. Desvia-se da dinâmica do ódio, insere-se na dinâmica do amor. Esse é o novo jeito de ser e que Jesus mostrará durante toda a sua vida de pregação do evangelho. A lei do amor. A lei da misericórdia. Isso é o específico do cristianismo. Não é possível dizer-se cristão sem amar. Não é possível dizer-se cristão sem perdoar.

O amor é uma nova maneira de ser com o outro. No tempo de Jesus, como hoje, a pessoa era instrumentalizada. Devemos fazer exatamente o contrário, pois jamais podemos tratar o outro como um objeto, como uma coisa. A dinâmica do amor vem mudar totalmente isso, porque amando, devemos considerar e valorizar a vida do outro. Amar é isto: fazer a vida do outro melhor, independentemente do que este outro faça para nós. É duro, mas é o evangelho. Facilitar a vida do outro. Suavizar a vida do outro, tornar leve a vida do outro. Em seu significado máximo, o cristianismo nos pede para que ofereçamos a outra face. Em seu ponto mais radical, o cristianismo pede para que ofereçamos nossa vida. E aqui vem a transformação que somente o evangelho de Jesus é capaz de fazer. Essa é a força da religião que mudou o mundo e transformou a história: a força do amor.

Jesus, Deus jovem que entregou a vida por amor à humanidade, dá-nos a chave para entender a realidade: o amor. Ou amamos ou amamos, uma terceira opção não existe. Amamos mal porque o amor não é algo humano; o amor é divino, é coisa de Deus. Amar é viver a vida ao modo de Deus. O amor é o ponto que sustenta toda a realidade. Não existe outra saída ou solução, se não for pelo amor.

44

TODA VIDA HUMANA É NECESSÁRIA. TODA VIDA HUMANA IMPORTA!

Há quem diga que já estamos na era do pós-humanismo. Isso significa que o ser humano não é mais considerado um "valor absoluto". Assim, tudo aquilo que se refere ao humano é relativizado, principalmente sua vida. Ideias como "dignidade humana", "vida como valor inegociável", "respeito ao diferente", "liberdade de crença", "superação da desigualdade social", "inclusão dos mais fracos" são consideradas apenas mais uma "narrativa", entre tantas outras que dizem exatamente o contrário, no limite, considerando sim a vida humana como um valor inalienável, mas apenas para os de "meu grupo". Nesse contexto, todas as outras vidas podem ser desnecessárias, podem ser irrelevantes, podem ser exterminadas. Muitos dos movimentos que no passado atentaram contra a vida humana, tais como nazismo, fascismo, racismo, ditaduras de toda a ordem, retornam à cena, impulsionados pela internet e pelas "fake news". É o que se chama hoje de "cultura do ódio". Tenho esperança de que a sociedade humana possa estabelecer uma "ética mínima", em que o valor da vida humana esteja no princípio de qualquer ação.

Cada coisa guarda consigo um mistério e traz em si uma sombra mística, que sobre ela verte o resto do universo. Nesse sentido o ser humano também é coisa, porém indeterminada, com o horizonte aberto, jamais fechado. Assim, o outro é um mistério para nós. Não devemos condená-lo, não devemos julgá-lo, pois jamais calçamos os sapatos que o trouxeram até aqui. Como indeterminado, o outro merece nossa reverência, nosso respeito, nosso cuidado. Jesus trata a mulher pecadora não como uma coisa determinada, rotulada, fixa, incapaz de mudar. Não! Jesus sabe que não pode ser para ela uma resposta rígida, mas uma resposta flexível, para que assim haja espaço para mudança. Por isso Jesus diz: "Eu não te condeno! Vai, e não peques mais". Por não rotular aquela mulher em uma sentença condenatória, Jesus devolve a ela o bem mais precioso para o ser humano: sua dignidade, que brota de sua mais sagrada indeterminação, e que a faz parente do Supremo Indeterminado: nosso Deus!

Se o pós-humanismo traz consigo uma desvalorização da vida sem precedentes, que a reafirmação da vida como valor absoluto ajude-nos a recordar que, sim, somos humanos!

45

O DESEJO É INFINITO, HORIZONTE DINAMICAMENTE SEMPRE ABERTO, JAMAIS PLENAMENTE REALIZADO

Tomar água é necessidade, não desejo. Ser feliz é desejo, não necessidade. A necessidade vem junto com a posse. Engolimos a água, cada gota. Tomamos posse da água; aproveitamos ou eliminamos depois. A felicidade é desejo, por inalcançável em sua totalidade. Se acharmos que necessitamos ser felizes, enlouquecemos. Vamos sendo felizes como dá, desejando sempre um pouquinho mais. A necessidade é material. O desejo é sempre espiritual, ou seja, é existencialmente mais amplo que a necessidade.

O lado animal no homem comporta várias necessidades, que muitas vezes direciona-o para o egoísmo, pois é um lado bem próximo do instinto. Para dar vazão a certas necessidades, permiti-se até mesmo reduzir o outro, destruí-lo, com a mais fria indiferença. A necessidade é finita, termina no momento em que é satisfeita. O desejo é infinito, horizonte dinamicamente sempre aberto, jamais plenamente realizado.

Nosso coração deseja Cristo. Ansiamos estar na mais perfeita comunhão com Ele, "nossa Páscoa". Vivemos essa comunhão imperfeita na terra, a viveremos perfeitamente no Céu. Desejar estar em comunhão com o Cristo é saber que essa comunhão passa também pelo outro, pois seu rosto revela os limites de nosso mundo, e assim nos compromete.

Não se trata de necessitar de nossos familiares, possuindo-os como armários, mesas ou cadeiras, ou como mais um móvel da casa, passível de substituição. Mas desejar estar sempre junto deles, permitindo que nos surpreendam em seu mistério humano, sagrada abertura que cada um é.

Ter uma mansão luxuosa é necessidade. Ter um lar é desejo. A necessidade de ser amado nos joga em uma zona de perigo, onde passaremos a exigir amor, cobrar amor. Desejar amar e ser amado é não cobrar de ninguém o amor eventualmente não dado, mas conquistar a liberdade da espera serena do amor que sempre vem!

46

SOMENTE O ESPÍRITO SANTO É CAPAZ DE NOS DAR UMA CONSOLAÇÃO VERDADEIRA, PERFEITA E PROPORCIONADA!

A vinda do Espírito Santo é o fato mais marcante depois da Ressurreição do Senhor. São Tomás nos recorda que, assim como o Filho revela para nós o rosto do Pai, o Espírito Santo revela para nós o rosto do Filho. O Espírito Santo nos dá a possibilidade de imitar Jesus.

Jesus parte, mas não nos deixa órfãos, oferece-nos um grande presente: O Espírito Santo, o Consolador. Consolar é estar com a pessoa que se sente sozinha, por isso precisa de alguém perto, precisa ser consolada. Romper o isolamento. O estar sozinho é quintal para o inimigo, o adversário, o tinhoso.

São Boaventura dizia que existe uma consolação que vem do Espírito e uma consolação que vem do mundo. Mas somente o Espírito Santo é capaz de nos dar uma consolação verdadeira, perfeita e proporcionada. *Verdadeira*, porque o Espírito Santo consola diretamente nossa alma, enquanto o mundo consola a carne. A consolação do mundo é falsa, pois para a carne não existe consolo, ela quer sempre mais! *Perfeita*, porque o Espírito consola de forma gratuita, sempre, é pura graça. O mundo não, ele consola, porém, cobra um preço alto. *Proporcionada*, porque enquanto o Espírito consola muito onde precisamos de muito consolo, o mundo só nos consola quando vai tudo bem em nossa vida. Quando realmente precisamos de consolo, ele nos vira as costas.

Uma das características do mistério do ser humano é a solidão. O ser humano é, antes de tudo, um solitário. Em última análise, ninguém pode sofrer as dores do outro. É claro que se pode receber a solidariedade nos momentos difíceis. Mas sempre será um paliativo, jamais uma solução. É aqui que entra o Espírito Santo com sua consolação verdadeira. Ele toca onde precisamos ser tocados. Ele toca e cura! Ele, o Espírito consolador, paráclito, defensor, que preenche nossa vida, nossa alma, nosso coração!

47

É O QUE DEVEMOS FAZER: ABRIR NOSSA HISTÓRIA PARA DEUS, ESCANCARAR NOSSAS PORTAS PARA ELE

Felipe, discípulo, demonstra uma fé fraca quando pede a Jesus: "Senhor, mostra-nos o Pai e isto nos basta" (Jo 14,8). Essa atitude de falta de fé entristece profundamente o coração de Jesus. Já era tempo deles entenderem que quem está com Jesus está com o Pai. Ou Felipe não consegue entender esse segredo ou tem ainda uma fé muito pequena para aceitar Jesus e o Pai como uma única realidade de amor. Um amor tão grande, que dele nascerá o Espírito Santo, derramando o amor existente entre o Pai e o Filho.

Felipe seguia Jesus, mas não havia ainda deixado Jesus entrar em sua história. Faltava-lhe fé. Temos de contar a história de nossa vida, percebendo em todos os momentos Deus inserido nela. Não podemos tirar Deus de nossa história. Essa é a única possibilidade de um final feliz.

Maria viveu em plenitude sua história com Deus. Deus estava tão dentro da história de Maria, que fez dela a mãe de seu filho. Deus estava tão dentro da história de Maria, que a preservou do pecado original, por isso a Igreja dá a Maria o título de Imaculada, ou seja, aquela sem mancha, aquela que foi preservada do pecado. Maria imaculada. E o que fez Maria? Abriu sua história e deixou Deus entrar.

O Senhor quer fazer parte de nossa vida, de nossa história. Entre, Senhor, em nossa casa; entra, Senhor, em nossa vida; muda tudo, Senhor. Revire! Faça tudo novo de novo. Essa é a única condição de nosso sossego, de nossa serenidade, de nossa felicidade.

48

VIVER É IR AJUNTANDO E COLANDO OS CACOS DE NOSSA HISTÓRIA, PARA NÃO PERDÊ-LA E PARA NÃO NOS PERDER

Não importa o ponto a que chegamos. A única certeza é de que chegamos até aqui recolhendo nossos cacos. Quando algo se quebra o que temos a fazer é ajuntar os cacos. Assim é a existência humana. E é assim para todo mundo. Antigamente, costumava-se colar xícara quebrada com esmalte de unha. A marca ficava lá, aparecendo, mas ao menos não se perdia aquela xícara. Viver é ir ajuntando os cacos de nossa história e ir colando-os, para não perdê-la e para não nos perder. Essa é a condição, talvez única, para darmos um fio contínuo a toda a nossa história, do nascimento até o momento presente!

Ainda que as marcas existam, e mesmo que estejam visíveis, é sinal de que você tem uma bela história. É possível ver beleza na xícara quebrada e depois na colada com esmalte. A beleza daquilo que não se perdeu e se salvou. Quem não tem medo da vida e não tem medo da luta está salvando sua vida a cada momento. E isso é belo. Vá vivendo e ajuntado os cacos, colando-os com o esmalte da fé, da esperança, da coragem. Assim você não se perderá. E fará das marcas da vida um belíssimo mosaico, pois quem "traz no corpo estas marcas possui a estranha mania de ter fé na vida".

Juntar os cacos é reinventar-se. Isso significa partir do zero. Significa fazer as pazes com o mistério que você é! Abandonar o perfeccionismo que você continuamente tenta se impor, mas que gera apenas cansaço, porque você não é de ferro, é de carne. Reinventar-se, talvez, seja até fazer aquilo que você sempre fez, mas de um outro jeito, em outra perspectiva, com outra respiração. E isso só vai acontecer quando você perceber que não existe nada de errado com você, e que está fazendo tudo certo, só não está acreditando nisso. Daí a necessidade da reinvenção, de olhar para você e para suas coisas com mais generosidade, torcendo por você mesmo.

Não deixe que seu cotidiano se torne um jornal velho, cujas notícias você já sabe de cor. Às vezes, é preciso virar a página, ainda que o livro continue a contar a mesma história.

49

RECUSE, REJEITE, ESCONJURE COM TODAS AS FORÇAS QUALQUER FRASE, PALAVRA, AÇÃO LANÇADOS CONTRA A SUA VIDA, SEU PROGRESSO, SEUS SONHOS

Eu sou o melhor. Eu sou o mais santo. Eu sou o mais correto. Eu. Eu. Eu. O Fariseu tem uma elevadíssima autoimagem de si. Falsa, porém. Vive em um mundo imaginado, onde Deus não pode chegar, por ser superficial, ilusório. O cobrador de impostos vive no mundo real: é consciente da própria imperfeição. Conhece seus limites e os apresenta a Deus: "Misericórdia, Senhor!" Agindo assim, dá espaço para que Deus opere sua Graça em seu coração.

Apenas liberte seu coração! Não dê a mínima importância para insinuações negativas sobre você. Isso não faz sentido. O importante é sua incrível fé em saber que sua blindagem vem do Espírito Santo de Deus! Logo, "olho gordo", emanações pessimistas, energias pesadas, frases e palavras indiretas e enviesadas não terão lugar em sua vida. Quem patrocina você é Deus! O Dono do mundo! Quem guarda você são os Anjos dele! Construa sua vida a partir dele. Deposite nele toda a sua confiança. Conte também com a Virgem Maria, aquela que esmagou a cabeça da serpente! Construa sua fortaleza de dentro para fora. Assim, você será imbatível. Recuse, rejeite, esconjure com todas as forças qualquer frase, palavra, ação lançadas contra sua vida, seu progresso, seus sonhos. Deixe seu coração voar. Ninguém poderá impedi-lo, a não ser que você permita! Amém!

Em que mundo queremos estar? No imaginado, e um dia descobrir que tudo foi apenas miragens, ou no real, e assim permitirmos que a Graça de Deus opere em nossos pontos fracos?

50

É PRECISO REDESCOBRIR QUE A VERDADEIRA REALIDADE SIGNIFICA DEPOSITAR TODAS AS FICHAS EM DEUS, NÃO OBSTANTE O PESO DA EXISTÊNCIA

Foi provado cientificamente que existem ondas gravitacionais propagando-se pelo Universo. Pesquisando-as pode-se saber o que acontecia no Universo, bilhões de anos atrás. Mas o que mais me assombra é que Einstein, autor da Teoria da Relatividade, sabia que elas existiam, ainda que, naquele momento, ele não podia provar. Elas cabiam na realidade! Um recado para aqueles que colocam em dúvida a existência de Deus, por não existirem provas científicas de que Ele existe: Einstein não podia provar um dos elementos-chaves de sua teoria, foi preciso 100 anos para que isso acontecesse, mas ele sabia que tinha algo no espaço.

Assim também nós, ainda que não consigamos provar cientificamente a existência de Deus, sabemos que tem "algo" aqui. Para Einstein, sem as ondas gravitacionais a conta não fechava, assim também para nós, sem Deus em nossa vida a conta não fecha! Aqueles que duvidaram de Einstein esperaram cem anos para verem que estavam errados. Se você duvida da existência de Deus, não espere tanto tempo assim para constatar que você está errado.

Dois grandes pensadores ocidentais, Aristóteles e Tomás de Aquino, convidam-nos a viver a vida sem ficar construindo castelos de areia mentais, o que equivale: sem se iludir. É preciso perceber a realidade tal como ela é, e procurar agir a partir dessa constatação. Martin Heidegger, pensador alemão, também nessa linha de um são realismo, sugere afastar-nos de todo fantasma ideológico.

Ter uma vida abençoada é enfrentar a realidade tal como ela é e ali abrir espaço para Deus agir. Lutas, enfrentamentos, desafios, provações, derrotas, conquistas, vitórias, alegrias, tudo isso faz parte da realidade da vida. Uma vez que constatamos e enfrentamos a vida com realidade, sem cair em autoenganos, compreendemos que o milagre cabe na realidade.

Nossa fé nos tira de nós e entrega-nos para Deus. Devemos viver a vida real com tudo de bom e de desafios que isso comporta, sabendo que Deus sabe de tudo e age! Enfim, não fugir do mundo, pelo contrário, construir nosso mundo, com tudo aquilo que ele é, na rocha que chamamos Deus!

51

FELICIDADE SÓ É AUTÊNTICA QUANDO VEM COMBINADA COM SANTIDADE

Em um diálogo fascinante, a multidão pergunta a Jesus o que se deve fazer para realizar as obras de Deus. Jesus responde que a obra de Deus é uma só: acreditar Nele, Jesus. A obra de Deus é ter fé em Jesus. Se temos fé em Jesus, conseguimos ver a maravilha, a obra estupenda, o grande milagre que o Senhor fez, faz e continuará fazendo em nossa vida. É na fé em Deus que vemos que nossa vida é um grande presente e que Deus nos fez para sermos felizes, independentemente da situação em que nos encontramos.

Felicidade é um estado de espírito. Não tem a ver com dinheiro, com posse, com status ou com bens materiais. Felicidade tem a ver com realização pessoal, enquanto ser humano, enquanto homem, enquanto mulher. Nesse sentido podemos morar em uma choupana que ninguém nos roubará nossa felicidade. Mas se não nos encontramos na vida, podemos morar em uma mansão, ter todo bem material do mundo, mas nossa felicidade não estará assegurada. Felicidade só é autêntica quando vem combinada com santidade.

E santidade é questão de sede! Sede do Sagrado, do Deus que nos criou para, nele, um dia mergulharmos em seu amor sem barreiras. Sede de felicidade, entendendo nisso a realização de nosso ser, daquilo que somos, de nossas metas, nossos sonhos e nossa missão! E, por último, sede de misericórdia, significando a atenção, o cuidado e respeito que devemos ter com o próximo, nosso irmão! Saciar a sede de Deus, de nós mesmos e do outro. E depois saciar de novo. E mais uma vez, até o fim, mas que, na verdade, é o começo!

52

SIGA SEM MEDO O CAMINHO QUE VOCÊ MESMO, INSPIRADO POR DEUS, TRAÇOU PARA VOCÊ

A Sonda Insight viajou mais de um milhão de quilômetros para chegar até Marte. Com sua própria força? Claro que não. Ela se valeu de outras estratégias para chegar tão longe. Por ela mesma, não conseguiria. Nós também somos assim! Queremos chegar longe. Queremos o mundo. O universo. Mas sozinhos podemos muito pouco. Daí somos como a Sonda Insight, devemos ter outras estratégias. Para quem acredita e tem fé, para se chegar longe, existe uma única estratégia: a graça de Deus. Essa é a força que nos impulsiona, atira-nos para frente, empurra-nos, impulsiona-nos. Com nosso esforço e com a graça de Deus, nós vamos longe demais!

Para ver as bênçãos de Deus acontecendo em nossa vida é preciso ter um olhar de investigador profissional. Com muita facilidade, pelo pessimismo e negativismo que nos rodeia, além de não termos consciência das bênçãos, consideramos muitos fatos da vida uma maldição. Assim, portanto, precisamos mudar o olhar e treinar o coração para ver as bênçãos acontecendo. As realidades que nos cercam e são importantes para nós, tais como, família, emprego, amigos, casamento, tudo é bênção de Deus! Não podemos considerar isso tudo um peso a ser carregado ou estarmos eternamente insatisfeitos com tudo. Agindo assim, o que é bênção em nossa vida torna-se maldição. Este é o ponto: não encaremos como maldição o que Deus colocou em nossa vida como bênção! E, se é benção de Deus, corramos para o abraço!

É seu? Conquistou com esforço? Com ética e honestidade? Com Deus? Então fica despreocupado. Ninguém tira de você! E, se tentarem, cai de novo em suas mãos. Portanto siga sem medo o caminho que você mesmo, inspirado por Deus, traçou para você. Se tem o carimbo de Deus, ninguém tira de suas mãos!

53

É PREFERÍVEL SER POBRE DE MUNDO E RICO DE DEUS!

Um jovem perguntou a Jesus o que fazer para ganhar a vida eterna. "Vai, vende tudo o que tem e dê o dinheiro aos pobres", respondeu Jesus. O jovem, muito triste, afasta-se: prefere ser rico de mundo e pobre de Deus. Entre o mundo material e o espiritual, o mais importante é o espiritual. É nele que encontramos sentido, respostas, certezas. Cristo nasce rodeado de total pobreza material e total riqueza espiritual. A condição para ganhar a eternidade no mundo espiritual é a generosidade que devemos ter no mundo material. Dom Helder Câmara dizia: "Quando dou comida para os pobres me chamam de santo, quando me pergunto por que eles são pobres me chamam de comunista". Partilhar, é a palavra! Justiça social também. A solidariedade e o desapego material nos colocam mais perto do Céu. Mas é errado ter bens materiais? Claro que não. Errado é colocá-los acima de Deus. Uma forma infalível para acertar? Em tudo, colocar Deus em primeiro lugar!

Um homem muito rico morreu e foi para o céu. Ao chegar lá, São Pedro lhe disse: "Acompanhe-me que vou lhe mostrar onde você vai ficar". Pelo caminho passaram por muitas belas mansões até chegarem em uma rua, na qual havia apenas pequenos barracos. O homem, claro, reclamou: "São Pedro, lá na terra eu vivia em uma mansão, aqui vou viver neste barraco?" Ao que São Pedro respondeu: "Meu caro, com o que você mandou para cá, só deu para construir isso".

São Basílio de Cesareia dizia: "O pão que sobra de sua mesa não é seu, é do afamado. O vestido que sobra em seu armário não é seu, é de quem está nu, o sapato que você não calça não é seu, é de quem está descalço. Faça caridade e respeite o irmão, ame a Deus, assim acumulará tesouros no Céu!"

54

E O QUE ESTÁ VINDO À TONA? SUA VONTADE DE VENCER, DE SER FELIZ, DE SE DAR BEM E TORCER PELAS PESSOAS QUE VOCÊ AMA

Jesus retorna a Nazaré para dar "a" notícia: "Ele é o Messias!" Ninguém acredita. Jesus mostrou ser um Deus tão próximo, que muitos duvidavam se ele realmente era Deus! Impressionante. Conosco vale a mesma coisa. Deus está tão próximo de nós, em cada minuto vivido, que o consideramos ausente, e pensamos estar sozinhos e sem forças! Assim, a vida perde a graça, a vida perde a cor, a vida perde o sabor. Em Nazaré, Jesus não pôde fazer nada, pois o povo o enxergava apenas com uma visão periférica. Pena. Que isso não aconteça em sua vida!

Vamos combinar: não alimente sua vida com uma visão periférica das coisas, que geralmente é negativa! Procure ver o que está por debaixo daquilo que é só casca e deixe isto vir à tona. E o que está vindo à tona? Sua vontade de vencer, de ser feliz, de se dar bem e torcer pelas pessoas que você ama. Jogue-se no otimismo e continue tentando até que tudo dê certo! Se você colocar tudo isso nas mãos de Deus, nada poderá derrubá-lo! Acorde para a fé! Desperte! Abra-se para a presença de Deus em sua vida.

Jesus enfrenta uma grande contradição: é desprezado na terra em que cresceu: Nazaré. O que é uma contradição? É quando você se depara com uma situação que não tem lógica nenhuma. Você espera que algo aconteça de certa maneira, mas esse algo acontece de maneira diferente, dramática. Assim também ocorre na vida de qualquer pessoa: ter de enfrentar uma situação que não se espera, mas que se impõe. E agora? Fazer como Jesus fez, em Nazaré: ir adiante, em frente, continuar a caminhar, simplesmente porque a vida não para, não espera. É preciso enfrentar tudo, não se intimidar, seguir confiando, na fé!

A criança, quando está no circo, mantém os olhos bem abertos, à espera das novidades do espetáculo. É isso! No espetáculo que a vida é, fique com os olhos bem abertos, atento às novidades de Deus!

55

ACREDITE EM VOCÊ SIM, SEM DÚVIDAS, MAS ACREDITE MAIS EM DEUS

Zaqueu queria ver Jesus (felicidade), a multidão porém o impedia (torcida contra), então ele sobe em uma árvore (superação). Jesus o vê e diz: "Desce depressa, hoje quero estar contigo". Quantas vezes nos deixamos levar pela "torcida contra" e não atingimos nossos objetivos, deixando que pessimismos e negativismos nos contaminem! Para driblar a "torcida contra" é necessário estabelecer metas e fazer de tudo para cumpri-las. Não importa a idade, é preciso colocar metas a serem alcançadas. É preciso saber onde se quer chegar.

Antigamente, perguntava-se para uma criança: "O que você quer ser quando crescer?" E a criança respondia: "Quero ser isto ou aquilo". Aquilo virava uma meta na vida daquela criança e, desde pequena, ela fazia tudo para atingir a meta. E hoje? Há muitos jovens indecisos sobre o que fazer da vida. Como se a vida esperasse. A vida segue, inexorável. O momento é agora. É preciso saber onde se quer chegar, desafiar-se, persistir no objetivo, assim, o mundo se afasta e nos deixa passar.

O noticiário mostrou, tempos atrás, a história de um jovem que se desafiou: ele conseguiu pagar toda a sua faculdade de Direito engraxando sapatos. Sim, sabemos que não é fácil. Mas é preciso se desafiar. Acreditar no poder infinito de Deus. Acredite em você sim, sem dúvidas, mas acredite mais em Deus. O final da reportagem trazia aquele jovem sorridente e satisfeito, pois havia conseguido uma colocação no escritório de advocacia, onde ele engraxava sapatos.

Faça como Zaqueu, suba na árvore! Supere! Como? Fazendo-se surdo a tudo aquilo que possa jogá-lo para baixo, não permitindo que se cumpram os sonhos que Deus tem para você. Se você tem fé em Deus, alcançar aquilo que você quer, apesar da torcida contra, só depende de você.

56

OU VOCÊ ACREDITA NESTA FORÇA INCRÍVEL QUE TEM DENTRO DO PEITO OU VOCÊ JÁ PERDEU A BATALHA, SEM ENTENDER QUAL É A LUTA

Ou você tem fé ou você faz drama. Ou você acredita que tudo está nas mãos de Deus ou você pensa que não vai dar conta. Ou você busca ser otimista ou você espera sempre pelo pior. Ou você pensa por sua cabeça ou você é marionete de ideologias. Ou você prefere a leveza ou prefere o climão. Ou você deixa-se conduzir pelo coração ou você se tornará uma pessoa fria. Ou você vê o encanto da vida ou você perde o sentido por ela. Ou você escolhe sorrir ou você escolhe chorar. Ou você prefere dias ensolarados ou você prefere noites sem luas. Ou você é da paz ou você é da guerra. Ou é de Deus ou é do mundo. Ou você faz sua parte e tudo muda ou você não faz nada e culpa os outros. Ou você acredita nesta força incrível que tem dentro do peito ou você já perdeu a batalha, sem entender qual é a luta.

Caminhando em um labirinto não se vai a lugar algum, você apenas se cansa, perde energia e dá de cara com o Minotauro, ou seja, o tédio e a falta de sabor pela vida. Isso acontece com quem não tem um plano, uma meta, um sonho, um programa de vida. Se você não faz suas escolhas alguém escolherá por você, e assim você estará mais uma vez vivendo uma vida que não é a sua, sonhando um sonho que não é o seu, trabalhando em uma meta que você não se colocou. Não há maneira melhor de desperdiçar a vida e cair em um grande vazio!

Sonhe, coloque metas, inaugure um programa de vida. Pode ser glorioso ou humilde, ilustre ou trivial, mas tenha um! Não sonhar é conformar-se com a vida atual. Sonhar é se colocar em um lugar para além da vida e fazer de tudo para chegar lá!

57

SOMENTE COM UM OLHAR ALTRUÍSTA É POSSÍVEL PERCEBER O OUTRO

Como se deve fazer um balanço dos relacionamentos? Se nesse balanço contabilizamos apenas coisas negativas, será o balanço mais triste do mundo. É preciso contabilizar também, e, sobretudo, aquilo que foi positivo. Assim, se terá um balanço real, equilibrado. Não é real um balanço só de coisas negativas ou só de coisas positivas. Balanço de gente de carne e osso, que falha, acerta, cai e levanta, tem de tudo. Quer fazer um balanço de suas relações? Faça. Mas recuse-se a ficar no débito. Se você escarafunchar bem, vai terminar esse balanço no crédito!

Utilize nesse balanço o tempo espiritual, não o racional. Qual a diferença? O tempo racional tem vinte quatro horas. Depois que passa não há mais como retroceder! O espiritual tem a medida de tudo o que você faz com o coração. E aqui o tempo não passa. Ele encompridа. Cada gesto de amor, cada palavra amiga, cada sorriso, cada viagem, cada abraço, cada palavra bendita que sai de sua boca, cada tempo que você passa ao lado de quem você ama e quer bem, espicha seu tempo. O contrário também é verdadeiro. Quanto mais amargura, ressentimento, ódio gratuito, raiva, ira, menos tempo...

Você pode escolher com qual olhar enxergar o mundo. Com aquele unicamente egoísta ou construir um olhar mais altruísta, para assim perceber o outro em seu horizonte.

Ao ver a sogra de Pedro na cama, Jesus não foi egoísta ou desligado, mas olhou para ela com amor e, aproximando-se, segurou-a pela mão e levantou-a da cama, curando-a em cada gesto, em cada momento.

58

DEVEMOS DIZER SEMPRE: "FAÇA, SENHOR, QUE ACONTEÇA EM MIM SUA REVOLUÇÃO"

Jesus inaugura sua revolução. Ele muda toda a compreensão da fé em Deus de seu tempo. De onde nasce a palavra revolução? Essa palavra nasce da cosmologia medieval, ou seja, da física medieval, quando Copérnico descobriu que não era o sol que rodava ao redor da terra, paradigma geocêntrico, e sim era a terra que rodava ao redor do sol, paradigma heliocêntrico. A revolução Copernicana descobriu o verdadeiro modo de se ver a realidade.

Nós sabemos que no tempo de Jesus os fariseus, os escribas, os anciãos, os mestres da lei, ou seja, a elite religiosa, é que davam as cartas. Essa elite preservava a fé, mas a um preço muito alto para o povo. E eram tantas leis religiosas que o povo mal conseguia acompanhar. E assim, essa elite religiosa manipulava e explorava o povo. É uma forma de se viver a religião totalmente errada, totalmente equivocada.

E Jesus vem para revolucionar. Portanto quando ele diz: "Vinde a mim todos vós que estais cansados com o peso de vosso fardo e vos darei descanso" é exatamente isso que Jesus quer fazer: tirar o povo da compreensão errada da fé e da religião. Mostrar para o povo a verdadeira fé, a verdadeira religião, que não é a fé e a religião dos fariseus. Essa é a revolução que Jesus veio fazer. Ele não julga, ele não condena, pelo contrário, ele atrai pelo amor. É um novo jeito de olhar para o ser humano, para o homem, para a mulher, para o jovem. Jesus não olha condenando, Jesus olha libertando.

Devemos dizer sempre: "Faça, Senhor, que aconteça em mim sua revolução". Queremos inaugurar em nossa vida, de fato, este novo jeito de ser homem, de ser cristão, de ser mulher, de ser jovem. Queremos que essa revolução de Jesus aconteça em nossa vida. Jesus veio para nos salvar e ressignificar nossa existência. Não mais uma situação de vazio, de ausência, de angústia, mas uma situação de ânimo, de coragem, de fé, até mesmo de alegria, de paz, ingredientes necessários para passar da crise para o crie! E assim, parabéns, você venceu mais uma crise!

59

"NÃO TENHAS MEDO!" COM O NASCIMENTO DO CRISTO, ESSE É O GRANDE RECADO QUE VEM DOS CÉUS

Deus nasceu como uma criança. Um fato milagrosamente impossível e, ao mesmo tempo, fantástico aos olhos humanos. Ele se coloca no meio de nós. União do Céu e da Terra sem precedentes. A Terra presenteia o Céu com a humanidade, o Céu presenteia a Terra com a divindade. Céus e Terra estão perplexos, pois a terra nunca viu um homem-Deus. E os anjos nunca viram um Deus-homem.

Que Deus é esse, que podendo nascer na extrema riqueza prefere nascer na extrema pobreza? Ao vir para o mundo somente encontra lugar em um estábulo, um curral. Que Deus é esse, que se faz fraco para nos dizer que o caminho da imposição da força é o pior caminho? Que Deus é esse, que se abaixa totalmente, a ponto de assumir a fragilidade mortal de nossa carne? Nós sabemos que Deus é esse. É o Deus amor! O Deus Misericórdia! Um Deus apaixonado por nós! Um Deus que nos elegeu como filhos e filhas. E nos ama absurdamente. É o Deus que vem ao mundo para falar que devemos ser irmãos. Viver na fraternidade.

Se Jesus não tivesse nascido não saberíamos o que é a paz, o que é a compaixão. Não saberíamos nada do amor e da misericórdia. Mas ele nasceu, e assim nós todos somos envolvidos neste nascimento do amor. Espetáculo em que não há espectadores, apenas protagonistas.

60

NENHUM SER HUMANO, NENHUM, DO PIOR AO MELHOR, ESTÁ DESVINCULADO DE DEUS, E SÓ POR ISSO TODO SER HUMANO TEM JEITO!

Jesus envia os discípulos para falar para o povo da Boa-Nova, da libertação. Ele envia até Judas. Eles devem pregar, discursar, convencer, dizer que tudo vai melhorar, que tudo pode transformar-se, que tudo pode mudar para melhor. É uma pregação que fala da vida nova e de cura. De serenidade e paz. De gratidão. Ou seja, um discurso que cura, que renova as esperanças, que dá vida. Um discurso inteligente. Um discurso que quer convencer.

E por que Deus quer nos convencer? Porque esquecemos toda hora e com muita facilidade a presença restauradora de Deus em nossa vida. Esquecer Deus é esquecer nossa origem, porque desde sempre estamos no coração de Deus. Nenhum ser humano, nenhum, do pior ao melhor, está desvinculado de Deus, só por isso cada ser humano tem jeito! Todos estamos vinculados a Ele. Esquecer Deus em nossa vida é flertar com o engano. E quando o esquecemos? Quando confiamos mais em nossas certezas, em nossas ideias, no mundo e nos homens. Quando trocamos Deus pelo mundo. Assim, nesse processo de convencimento, Deus quer tocar em nossa memória, quer ativá-la, para que a partir das muitas lembranças de seu poder e de seu amor em nossa vida, nós possamos construir uma verdadeira experiência de fé, de vida, de amor, de Deus. Ele quer nos fazer lembrar dos fatos divinos que mudaram para melhor a estrutura de nossa história.

Nós somos hoje aquilo que trazemos em nossa memória, consciente e inconsciente. Somos o que lembramos! Se lembrarmos apenas de coisas ruins, que nos machucaram, que nos entristeceram, que tiraram nossa paz, nossa vida será muito pesada. Mas se lembrarmos de todos aqueles momentos em que Deus se fez presente, nas diversas situações de nossa vida, vamos crescer cada vez mais na esperança e na segurança.

61

A SIGLA DNA PODE SER TAMBÉM: DEUS NOSSO AUTOR!

Era uma vez uma princesa que estava brincando na floresta. Até que um dia encontrou um sapo. Ele estava muito triste. A princesa perguntou o que havia acontecido. Ele explicou que na verdade era um príncipe. Uma bruxa má o havia transformado em sapo, e jamais seria um príncipe de novo, se uma princesa não o levasse para um castelo, ficasse com ele três dias e no terceiro dia o beijasse. A princesa pensou bastante, por fim, decidiu levar o sapo para o castelo. Ao chegar, as pessoas começaram a pensar que a princesa havia enlouquecido. Levar um sapo para o castelo? Ficar com ele no quarto, passear com ele pela cozinha, levá-lo para a torre e para o salão de festas? Isso não era coisa de gente normal. A princesa, porém, não se importava. Enfim, o terceiro dia chegou, e a princesa beijou o sapo. Qual não foi a surpresa quando o sapo transformou-se em um belo e formoso príncipe.

A dignidade do homem nasce do fato de que somos todos filhos de Deus. Em nosso código genético está a marca de Deus. Assim, a sigla DNA pode ser também: Deus Nosso Autor. Assim como a princesa ficou três dias com o sapo, Deus ficou três dias debaixo da terra, para nos dar a vida eterna. E nossa dignidade nasce do fato de sermos filhos e filhas de Deus. O Inimigo quer nos enganar, tentando nos fazer acreditar que nós somos sapos, mas, na verdade, somos príncipes e princesas, pois somos filhos do Rei, nosso Deus.

A dignidade do homem nasce do fato dele ter merecido um tão grande redentor. Quando Jesus diz: "O homem não foi feito para o sábado, mas o sábado foi feito para o homem", ele está colocando a dignidade humana em primeiro lugar.

62

A PESSOA HUMANA DEVE CONSIDERAR SEU TRABALHO COMO ALGO SAGRADO, QUE VEM DE DEUS

A pessoa humana tem em seu interior uma força que a filosofia deu o nome de *cônatus*. Realizar essa força, multiplicá-la cada vez mais, progredir, realizar, frutificar, é a mais importante vocação de cada homem e mulher, que termina por ser um chamado à vida, chamado à existência. A pessoa que trabalha sente-se viva. A pessoa que produz sente pulsar nela o mistério da vida.

O trabalho é uma das dimensões do ser humano. A expressão *homo faber* significa homem que trabalha, que produz, que fabrica, que faz alguma coisa. É na execução do trabalho que a pessoa humana encontra sentido para sua vida. Se o trabalho é algo assim tão importante para a pessoa humana, fazendo mesmo parte de seu ser, ele se torna algo espiritual, e se situa no campo do mistério humano. Tudo aquilo que é espiritual não está apenas na dimensão natural, mas sobretudo na dimensão sobrenatural. Assim, o trabalho é considerado como um dom de Deus. O próprio Cristo no Evangelho diz: "Meu pai trabalha", referindo-se a Deus Pai, "e eu também trabalho", referindo-se a ele mesmo. Iremos encontrar também no evangelho a famosa Parábola dos talentos, na qual Deus espera que a pessoa humana multiplique os talentos recebidos por ele.

Essa visão integral do trabalho une religiosidade, na medida em que o trabalho é uma ligação com Deus, e espiritualidade, na medida em que o trabalho dá um sentido total a tudo aquilo que sou e quero ainda ser.

63

NÃO EXISTE AMOR ONDE NÃO EXISTE LIBERDADE PARA QUE A PESSOA CRESÇA, PROGRIDA, SEJA MELHOR, DÊ O MELHOR DE SI

O amor não cabe na teoria. Não basta falar eu te amo, é preciso demonstrar. O que é mais importante? Falar eu te amo e não demonstrar esse amor na prática, ou não falar, mas demonstrá-lo em gestos? Para os que são de minha geração, dificilmente nossos pais diziam: "Eu te amo". Mas eles demonstravam esse amor na prática. Minha mãe era a última a servir-se nas refeições, só comia depois de ter servido a todos. Isso é amor ou o quê?

Na parábola do bom samaritano, Jesus deixa claro que o amor que importa é aquele que se coloca em prática. Não adianta dizer eu te amo, se faço a pessoa sofrer ou se a humilho ou a exploro, considerando-a apenas um objeto, a meu bel-prazer. Não existe amor onde não existe liberdade para que a pessoa cresça, progrida, seja melhor, dê o melhor de si. Que amor é esse que expõe a pessoa ao ridículo, reduzindo-a a nada, levando-a à morte psicológica. "Eu te amo, mas você tem de abandonar este emprego, pois me incomoda seu sucesso." "Eu te amo, mas você tem de deixar seu futebol de sábado, porque eu não suporto seus amigos." Eis o tipo de amor em que a boca diz uma coisa, mas a prática é outra.

Jesus insere o próximo em nossa vida. "Quem é meu próximo?", é a pergunta do Mestre da Lei. O próximo está inserido no mistério humano. Eu só posso dizer "eu" se apenas tenho consciência que o "outro" está aí. Portanto se elimino o outro, elimino a mim mesmo. O outro não pode ser em minha vida um bode expiatório, alguém em que eu coloco toda a culpa de tudo de ruim que acontece comigo. Ninguém se salva sozinho, mas se salva com o outro, que Jesus ensinou a chamar de próximo.

Cultivar o próximo me ajuda a ter uma atitude "pró". Aberto à vida, aberto ao mundo. Não uma atitude contra! Deus cuida de nós e espera que nós cuidemos uns dos outros. A solução do mundo é o cuidado. Na medida em que cuidamos, curamos. Cuidar faz parte de nosso jeito de ser humano. Cuidar do outro nos humaniza, cuidar do outro nos faz melhores.

64

DIANTE DA CRUZ, MARIA REAGE PELO OLHAR. UM OLHAR QUE NOS FAZ UM APELO: É PRECISO REAGIR, PERSEVERANDO NA ESPERANÇA!

Ninguém pode dizer que a religião é alienante ou ilude a pessoa, uma droga que você toma e fica distante da realidade. Ninguém pode dizer isso, porque a cena que observamos na cruz, Maria, a mãe, a constatar o completo falimento de seu filho perdendo a vida de maneira trágica, não é uma propaganda positiva de nenhuma religião. O que temos é o sofrimento, a dor, a derrota, em seu estado mais puro. Uma mãe que acompanha o calvário do filho, e é sufocada por sua própria impotência, pois ela sabe que não pode fazer absolutamente nada. Ela apenas acompanha: passo por passo, queda por queda, chicotada por chicotada; observa cada gota de sangue, que cai do corpo de seu amado filho. Em seu coração, dá livre vazão ao sentimento de dor.

Por isso a Igreja Católica jamais escondeu a cruz, pois esconder a cruz é trair o Cristo, esconder a cruz é trair Maria, esconder a cruz é trair o povo que sofre. Esconder a cruz é trair a própria condição humana. Pois se é humano, logo, sofre. Essa é também a cena que a fé nos oferece: a cruz, a dor, o sofrimento, o filho, a mãe, a morte, o escândalo, o fim.

Não escondendo a Cruz, a Igreja é capaz de falar a tantos irmãos e tantas irmãs que passam por problemas, dificuldades e sofrimentos. Porque o próprio filho de Deus e a mãe do filho de Deus sofreram, aquele sofrimento que é o mais duro, o mais penoso. A mãe que vê o filho definhar e o filho amoroso que vê a mãe sofrendo com seu sofrimento, e nada pode fazer. Que dor no coração de Maria! Que dor no coração de Jesus! A cruz de Jesus e o sofrimento no mundo nos indicam que no mundo está presente o mistério do mal.

A Igreja mostra que, antes de qualquer ressurreição, é necessário passar pela cruz. Quantas mães hoje estão perdendo seu filho para a violência, para a guerra, para as drogas? A violência vai semeando uma guerra de todos contra todos. E tudo vai ficando banal. Não nos espantamos mais. Vamos sendo como que anestesiados. Acostumando-nos. Habituando-nos. Maria encarna todas as mães do mundo, que passaram pela dor mais terrível que uma mãe pode passar, que é perder seu filho para a violência. O mecanismo da violência e do mal veio com tudo para cima de Jesus. Esse mesmo mecanismo vem com tudo para cima do homem. Constatamos o mecanismo do mal no mundo, que a tudo vai engolfando, vai devorando, vai destruindo. O que fazer?

Maria reage pelo olhar. Um olhar que nos faz um apelo: é preciso reagir. Ainda que essa reação venha de um olhar que espera contra toda a esperança. Esperar contra toda a esperança e acreditar do mais fundo de nossa alma que Deus dará a última palavra. Mesmo que tudo me leve a crer que Deus está mudo e que as forças do mal me abatem, mas ainda assim eu espero, contra toda a esperança. E essa esperança radical que Maria traz em seu olhar. Santo Agostinho explica que Deus permite o mal, para que dele possa tirar o bem ainda maior. Do escândalo da Cruz, Deus faz nascer a ressurreição de Jesus.

Uma pequena citação de Guimarães Rosa: "O correr da vida embrulha tudo. A vida é assim: esquenta e esfria, aperta e daí afrouxa, sossega e depois desinquieta. O que ela quer da gente é coragem".

65

NÃO EXISTE GOSTO MELHOR QUE O DA VIDA!

A jovem Maria vivia da esperança de que fosse escolhida para trazer ao mundo o filho de Deus. Vivia também da fé que esse fato extraordinário poderia acontecer com ela. Vivia também da caridade, pois esse era o único caminho pelo qual Deus poderia escolhê-la, pois a mãe de Deus na terra deveria ser especialista em amar. Portanto essa menina viveu em sua vida, já na mais tenra idade, as principais virtudes de um cristão: a fé, a esperança e a caridade.

Maria desperta em nós o sabor da esperança. Esperar que as promessas de Deus possam realizar-se em nós. Esperar sempre o melhor. Esperar que o Senhor venha até nós cada dia de nossa vida. Esperar. Maria desperta em nós o sabor da fé. Maria sempre teve fé em Deus, mesmo quando seu filho amado e querido estava na Cruz. Ela manteve-se de pé, manteve-se na fé. Maria desperta também em nós o sabor do amor. Nossa Senhora sempre teve um grande amor pelo povo. Basta ver que a primeira intercessão de Maria é por uma família em apuros. Quem ama se preocupa. Quem ama é solidário.

Esses são os principais sabores que deveríamos pedir que Maria despertasse em nós. O sabor da esperança, o sabor da fé, o sabor da caridade. E aí sim a vida fica mais gostosa. Sabor tem a ver com gosto. Eu posso sentir o gosto do sal, o gosto do limão, o gosto do açúcar e o gosto do mel. Mas eu devo sentir principalmente o gosto pela vida. Uma vida gostosa e uma vida que dá gosto de viver. Uma vida, na qual eu vivo na fé, na esperança e no amor, é uma vida boa, independentemente da circunstância em que eu esteja vivendo.

Há algumas coisas que tiram o sabor de nossa vida. A fofoca, o pessimismo, a calúnia, o falar sem ter certeza. Levar sempre adiante a discórdia, o conflito, a guerra, e não ser mensageiro da paz, da concórdia. Alimentar sempre um olhar pessimista e a mania de reclamação.

Que Maria interceda a Deus por nós, para saborearmos nossa vida pessoal, nossa vida em família e nossa vida em comunidade, assim como ela saboreou a graça de ser escolhida para ser a mãe do Salvador.

66

COMO NOSSA VIDA É CHEIA DE AUSÊNCIAS, UM AMOR SEMPRE PRESENTE É A RESPOSTA QUE BUSCAMOS

Colocar-me em relação com Deus só é possível quando eu coloco Deus como o absoluto de minha vida. Colocar Deus como absoluto é colocá-lo acima. Acima do quê? De minha família. De meu emprego. De meu namoro. De minha juventude. De minha vida. E isso significa perder? Não, isso significa ganhar. Porque colocar Deus acima de tudo significa requalificar toda a minha vida. Significa redimensionar minha existência.

Absoluto é aquilo que está solto, não depende de nada ou de ninguém. Deus é assim. Coloco-me em relação com o grande mistério que Deus é em minha vida. Dessa relação com Deus ainda não sei nada. Porque é uma relação de entrega. É um salto. Um pulo. A única coisa que sei tenho certeza é do amor de Deus por mim. Um amor presente. Um amor que sei que sempre esteve ali. Está ali. Estará ali. Amor presente. Como nossa vida é cheia de ausências, um amor sempre presente é a resposta que buscamos. E, portanto, muda nossa vida. Um amor assim, tão presente, que sempre está aí, uma vez sentido jamais se esquece. Não se quer separar dele. É por isso que Pedro afirma: "A quem iremos nós, Senhor, só tu tens palavras de vida eterna" (Jo 6,68). É um salto no abismo. Um salto na fé.

Devo acreditar firmemente em Deus, uma vez que não sei para onde esse amor vai me levar. Porém é somente na medida em que me relaciono com esse Deus mistério é que minha vida tem um verdadeiro sentido. Somente assim eu terei coragem de deixar as coisas do mundo para colocar Deus, meu amor, meu tudo, em primeiro lugar.

E dizer com Santo Agostinho:
"Tarde te amei, ó Beleza infinita e sempre nova"!

67

TER FÉ SIGNIFICA ABRAÇAR POR INTEIRO TODO O NOSSO HUMANISMO E ASSIM CAMINHAR COM MAIS SERENIDADE

A grande novidade do cristianismo é nos apresentar não uma ideia, mas uma pessoa, Cristo. Ele é a personificação de toda e qualquer teologia, ele que sofreu, morreu e ressuscitou. Ele é o absoluto. Tudo o mais é passageiro, a ciência, a filosofia ou a arte.

O ateu não aceita a fé, muitas vezes, por achá-la ilógica ou caótica. Toda a lógica e racionalidade, porém, esquece-se de enfrentar o único e mais grave problema: o que acontece com o homem depois da morte? Por outro lado, ter fé não significa alienar-se da realidade. Pelo contrário, ter fé significa abraçar por inteiro todo o nosso humanismo e assim caminhar com mais serenidade, recusando qualquer pessimismo em relação à vida, como, por exemplo: angústia, náusea, morte.

A vida não é um simples nada. Se a vida fosse nada o mais lógico seria não viver, nem ter nascido. Quem optou por viver, achando que a vida é nada, optou pelo drama. Não é preciso fazer da vida uma tragédia grega. Podem-se encontrar também tragédias na vida, mas não apenas isso. A vida não se resume em tragédias. Há que salvar a vida!

Porque ser homem, homem completo e puro, inteiro e verdadeiro, vale mais do que ser um semideus.

68

A AMIZADE É UM TEMA CARO ÀS SAGRADAS ESCRITURAS. ALI VAMOS VER A IMPORTÂNCIA DE SE TER UM AMIGO FIEL. QUEM O DESCOBRIU, DESCOBRIU UM TESOURO!

Muito tocante a amizade de Jesus com os irmãos Marta, Maria e Lázaro. Jesus chega a chorar pela vida desse amigo (Jo 11,1-46). Maria tinha uma grande admiração por Jesus e parava tudo para ouvi-lo falar. Já Marta é aquela que faz tudo para o amigo estar bem, porém, não hesita em dizer o que sente, como quando pede a Jesus que mande sua irmã Maria ajudá-la nos afazeres domésticos. A amizade de Jesus com João também é bastante profunda. Tanto que João ficou conhecido como o discípulo amado. De resto, João foi o amigo que ficou ao lado de Jesus até o fim.

Portanto é importante valorizar o valor de uma amizade fiel. Olhar o amigo no fundo dos olhos e sentir um laço de irmandade, deixar-se comover até as raízes da alma pela amizade oferecida. Sentir uma forte irmandade espiritual é uma das coisas mais deliciosas que se pode ter. O apoio de um amigo significa ter a vida bastante simplificada. Quem não tem amigos deve lutar solitariamente com a brutal besta cega do destino. E assim fazer sozinho o caminho. Na vida tem coisas, socorros, conselhos e auxílios que têm de vir de fora, para isso é necessário um amigo.

"Um amigo fiel é poderoso refúgio: quem o descobriu, descobriu um tesouro. Nada é comparável a um amigo fiel, o ouro e a prata não merecem ser postos em paralelo com a sinceridade de sua fé. Um amigo fiel é um remédio de vida e imortalidade; quem teme ao Senhor, achará esse amigo. Quem teme ao Senhor terá também uma excelente amizade, pois seu amigo lhe será semelhante" (Eclo 6,14-17).

69

ESTAMOS ENTRE DUAS REALIDADES: A TERRA E O CÉU. A TERRA, QUE É O MUNDO DAS SENSAÇÕES, É ENGANOSA, PASSA. O CÉU É ETERNO

Fisicamente falando, não somos um super-homem ou uma mulher maravilha. Uma grande contingência nos assalta, a partir da precariedade de nosso corpo. Assim, a realidade física, considerada em sua totalidade, sempre nos escapa. A terra, que para nós parece plana e parada, na verdade, move-se e é redonda. A vista humana pode muito, mas não pode tudo. Em outros animais ela é até mais potente. Portanto existe uma dificuldade de apreender a totalidade das coisas na realidade, que se dá para nós, apenas em perspectiva.

Talvez por isso, muitos resolveram deixar a realidade em segundo plano e se refugiarem no pensamento. Para esses, a verdadeira realidade é aquela que o homem produz no pensamento: "Penso, logo existo". A realidade não existe, o homem que a produz, de acordo com seu pensamento. Tudo o que se vê é apenas aparência. Por isso não podemos confiar no mundo, que é o lugar do engano. Nem mesmo confiar no homem, pois "maldito o homem que confia no próprio homem" (Jr 17,5). Estamos entre duas realidades: a terra e o Céu. A terra, que é o mundo das sensações, é enganosa, passa. O Céu é eterno. Nosso corpo fica na terra, "*Tu és pó e ao pó retornarás*!" (Gn 3,19), mas nosso pensamento nos leva para o Céu. Nossa alma nos leva para Deus. Nosso pensamento faz continuamente um discernimento entre as múltiplas coisas que estão no mundo e vai organizando tudo.

Nossa principal tarefa é buscar Deus no emaranhado das coisas que querem impor a nós como se fossem Deus. Mas com nossa alma vamos nos movendo neste mundo, elegendo o que é conforme a reta razão e desvencilhando do emaranhado das coisas pela abstração, colhendo o universal, chegando até Deus.

70

NÃO SOMOS UMA MÁQUINA. MAIS DO QUE UMA DIMENSÃO MATERIAL, IMPULSIONA-NOS NOSSA DIMENSÃO ESPIRITUAL

Nossa existência é o que existe de mais concreto. Nela, fatos se dão de forma inexorável. Mas devemos estar atentos, pois, se vive aqui e agora, no presente. Não há força que possa mudar o que já passou e do futuro só nos resta conjecturar. Assim, a vida presente aqui e agora é de uma absoluta atualidade.

Melhor para nós se nos dispomos a construir uma vida boa, não a partir de ilusões fora de tempo e lugar, mas a partir de nossa realidade, ainda que seja uma dura realidade. Devemos valorizar ao máximo nossa vida aqui e agora, pois estamos vivendo, aproveitando a vida. Pensar que exista uma vida sem percalços é desconhecer o que é a vida humana.

Não somos uma máquina. Mais do que uma dimensão material, impulsiona-nos nossa dimensão espiritual. Somos um feixe de sentimentos, e não precisamos nos envergonhar se eles afloram. O sentimento, a tristeza, a alegria, a raiva, o contentamento, o desencorajar-se e o entusiasmar-se, enfim, a miríade de sentimentos que brotam de nosso íntimo, não podem ser entendidos de forma generalista, mas sim, individual: o triste, o horrivelmente triste, a máxima alegria, o contentamento mais intenso, é tudo isso que sentimos "neste instante".

Os sentimentos e suas gradações são infinitos e se dão em nossa vida individual e concreta. Isso significa estar vivo, viver!

71

A FÉ QUE LHE RESTAVA O SALVOU!

Pedro faz a metade do caminho e afunda (Mt 14,22-36). Dá alguns passos na água e afunda. Segura pouco nas mãos de Jesus e afunda. Falta-lhe a fé, por isso afunda. Não acredita no milagre e afunda. Ele começa com fé, mas termina com medo, por isso afunda. Falta-lhe a entrega total e afunda. No último momento, valendo-se de uma força que não sabia ter, grita: "Senhor, salve-me!" A fé que lhe restava o salvou!

Jesus diz aos discípulos atemorizados pelo risco de a barca afundar: "Sou eu". No episódio da sarça ardente, ao perguntar a Deus qual era seu nome para assim dizer a todo o povo, Deus responde: "Eu sou aquele que sou" (Ex 3,14). Tanto na sarça quanto no mar bravio, Deus se revela como o SER, ou seja, como a pura existência. Isso significa que Deus é tudo, a estrutura de nossa realidade. Ele sabe tudo de nós e guia nossa vida, respeitando nosso livre-arbítrio. Ele não é um fantasma, como pensavam os discípulos que deixaram o medo tomar conta do coração. Mas é alguém que atesta em si o poder de Deus e se coloca como o lugar da Graça.

Papa Francisco nos recorda: "Quando sentimos forte a dúvida e o medo e parece que estamos a afundar, nos momentos difíceis da vida, quando tudo se torna escuro, não devemos ter vergonha de gritar, como Pedro: 'Senhor, salve-me!'" Bater à porta do coração de Deus e clamar: "Senhor, salve-me!" é uma bonita oração. Podemos repeti-la muitas vezes: "Senhor, salve-me!" E o gesto de Jesus, que estende imediatamente sua mão e segura a de seu amigo, deve ser longamente contemplado: Jesus é isso, Jesus faz isso, Jesus é a mão do Pai, que nunca nos abandona; a mão forte e fiel do Pai, que quer sempre e só nosso bem.

Ter fé significa manter o próprio coração voltado para Deus, para seu amor, para sua ternura de Pai, no meio da tempestade. Talvez nós, na escuridão, gritemos: "Senhor! Senhor!", pensando que está longe. E Ele responde: "Estou aqui!" Ah, estava comigo! O Senhor é assim.

72

A FÉ QUE LHE RESTAVA O SALVOU!

É preciso entender o mecanismo do milagre. Primeiro: colocar Deus como solução do problema que incomoda e tira nossa paz. Segundo: reconhecer que Deus age na mais pura gratuidade e quer o melhor para nós. Terceiro: é preciso fazer nossa parte, oferecer os cinco pães, como no milagre da multiplicação, oferecer a água, como no milagre da transformação da água em vinho. Quarto: o que você tem para oferecer a Deus? Ele pega isso e completa o milagre.

Santo Tomás nos ensina que em cada milagre feito por Jesus está presente o poder de Deus em relação à ordem natural das coisas. O milagre consiste nisto: submetida à vontade e ao poder de Deus, uma coisa que era para ser naturalmente assim vira sobrenaturalmente outra coisa.

O santo de Aquino, grande doutor da Igreja, ainda nos lembra que todas coisas ordenadas a um fim devem ser proporcionadas a esse fim. Todo o operar de Jesus tinha como objetivo salvar os homens: "Deus enviou seu filho ao mundo não para condenar o mundo, mas para que o mundo seja salvo por ele" (Jo 3,17). Portanto Cristo curava milagrosamente para salvar a todos.

Ao fazer milagres, Jesus mostra que nele está o poder de Deus e que Ele é, inequivocamente, o lugar por excelência da Graça de Deus.

73

PRECISAMOS IR DESCOBRINDO A VIDA, DEIXANDO-A REVELAR-SE PARA NÓS COM TODO O SEU MISTÉRIO!

Afirmava o pensador José Ortega y Gasset: "Eu sou eu e minhas circunstâncias", querendo indicar que muitos fatos de nossa vida são ditados pelas circunstâncias nas quais estamos inseridos. Essa é uma maneira de assumir a realidade da vida, nua e crua. Acolher aquilo que acontece de forma espontânea e concreta. E fazer o possível para não fazer da vida um exercício de pura abstração. Assim, é possível ir descobrindo a vida, deixando-a revelar-se para nós.

Assumindo a vida como ela é, veremos que para viver bem é, apesar das durezas, fazer a vida agradável. Cada vez mais que ajuntamos ilusões, e elas vão se desfazendo, a vida vai se tornando pesada e amarga. A via de saída é vivermos no mundo real, que por ser real, não pode, de forma alguma, ser amargo. A vida não é amarga; amargas são as ilusões desfeitas. Quanto mais aceitamos a vida como ela é, com tudo aquilo que ela comporta, a vida – por mais incrível que possa parecer – vai se tornando mais leve, pois assim vamos descarregando as muitas expectativas em relação à vida.

E maravilharmos com a vida! Diante de seu mistério, faltam-nos palavras. Quando algo é realmente importante, temos dificuldades para encontrar os termos certos para descrevê-lo. Assim é com a vida. Constatamos a beleza da vida e somos obrigados a nos calar, por não termos palavras para dizer o quanto a vida é bela.

A palavra somente pode exprimir coisas limitadas, conhecidas e pouco interessantes. A vida não é assim! Nossos mais profundos sentimentos e desejos, nossas mais admiráveis concepções, ao serem ditas, perdem toda a sinceridade, a força, a verdade. Por isso não é preciso dizer nada, basta apenas constatar o quanto a vida é bonita.

74

NÃO SEI QUAL É SEU MOMENTO AGORA, MAS PROCURE OLHÁ-LO SOB O PONTO DE VISTA DA ETERNIDADE. COM OS OLHOS DE DEUS!

Nosso grande erro é termos a mente e o coração voltados para o "curto prazo". Isso se deve a nosso instinto de sobrevivência e carência de fé. Gastamos toda a nossa energia e todas as nossas expectativas pensando que tudo se resume no próximo passo a ser dado. Essa atitude faz tudo ficar pesado, tornando a vida algo quase insuportável. Desesperados, nós nos perguntamos: "O que vai acontecer comigo agora?" Erramos também, ainda que menos, quando focamos no "médio prazo". Aqui nossa fé mostra-se menos fraca, porém ainda não é o ideal, pois quando agimos assim, agimos acreditando mais em nossas soluções do que na graça de Deus. Esse é o momento em que fazemos cálculos, estratégias, premeditações, mas tudo sem Deus. Enganosamente, achamos que nos bastarão apenas nossas forças. E assim, terminamos por não chegar a lugar algum.

É preciso que tenhamos a visão do "longo prazo". Isso significa ver a vida com os olhos de Deus. Perceber Deus lutando a nosso lado no correr de nossa história é fantástico! Ter uma visão de longo prazo em relação a nossa vida é procurar dar espaço para que o plano de Deus possa acontecer. E tentar ver a construção de nossa história, cada fato que acontece conosco, cada ocorrência como parte de um grande plano de amor de Deus. Quando eu vejo minha vida no longo prazo, minha existência ganha uma amplitude maior.

Spinoza, filósofo hebreu, criou uma expressão latina chamada "sub specie eternitatis". Isso significa, "sob o ponto de vista da eternidade". Tudo o que acontece conosco deve ser lido sob o ponto de vista da eternidade. Todas as nossas escolhas, as que já fizemos e as que vamos fazer, devemos fazê-las tendo presente não o curto ou o médio prazo, mas o longo prazo, a eternidade. Ver a vida com os olhos de Deus. Ter visão de longo prazo é saber que no final tudo dará certo, pois Deus é poder, amor e quer o melhor para nós. O que Maria tinha no curto prazo? A perseguição que os fariseus faziam contra Jesus. O que Maria via no médio prazo? Toda a estratégia humana que levou seu filho até a cruz. Mas o que Maria viu no longo prazo: o pentecostes, a ressurreição, sua própria subida aos Céus, em corpo e alma!

No curto prazo o fôlego é curto. No médio prazo o cansaço toma conta. Mas no longo prazo, em algum momento, você cruzará a linha de chegada, então, a vitória é certa.

75

A FÉ NOS AJUDA A VIVER A DESPREOCUPAÇÃO QUE ESTÁ NO CORAÇÃO DOS SANTOS, POIS SABEM QUE TUDO ESTÁ NAS MÃOS DE DEUS

Uma fé radical que nos ajude a enfrentar a vida não pode depender do mundo, mas deve estar vinculada intimamente a Deus. Não pode depender do mundo porque o mundo é o lugar do engano e do equívoco. Abrigando no coração a convicção de que Deus está do nosso lado, passamos a andar com fé. Nossa confiança em Deus nos faz ver que estamos entre a terra e o Céu. O tempo na terra é efêmero, contingente, precário. O Céu é eterno. É nossa fé que nos permitirá um dia viver o Céu.

A vida na terra é problemática, portanto, uma fé potente transforma a realidade, uma vez que muda nossa perspectiva de olhar o mundo. A fé nos ajuda a viver a despreocupação que está no coração dos santos, pois sabem que tudo está nas mãos de Deus. Com a fé, deixamos de ser controlados pela terra e passamos a ser controlados pelo Céu, por Deus. Ainda mais: a fé nos permite ver o mundo não como ele é, mas como ele deveria ser. E acreditar neste mundo. A fé que brota do fundo do coração humano é a realidade mais verdadeira.

É nesse sentido que a fé supera a realidade terrena e a reconstrói. Uma realidade que se mostra dura de se viver pode ser transformada pela fé. Eis a fé construtiva, permitindo-nos colocar em nosso horizonte não o que nossa vida é, neste momento, mas o que nossa vida pode ser.

Decrete a mudança em sua vida a partir de sua fé. Deixe que sua fé reforme seu universo. Nossa fé não dispensa nosso esforço pessoal, pelo contrário. Reconstruir o mundo, recriá-lo a partir de nossa fé, demanda também criatividade. É tarefa nossa. Resumo da ópera: Não é preciso conformar-se com a realidade, já que a verdadeira realidade é o mundo que construímos a partir da revolução que somente uma fé forte pode realizar.

76

FUGIR DA DESORIENTAÇÃO É IMPOSSÍVEL PARA O HOMEM. TIRAR O HOMEM DESTE ESTADO É POSSÍVEL PARA DEUS

Devemos ser defensores joviais e felizes da realidade, de como ela se apresenta a nós. Agindo assim, compreenderemos mais facilmente a contingência mutável da vida e saberemos não perder a paz por causa disso. É certo que tudo passa, tudo muda, só Deus que não. Santa Teresa d'Ávila, grande mística medieval, entendeu isso e escreveu: "Nada te perturbe, nada te assuste, tudo passa, Deus não muda. A paciência tudo alcança. Quem a Deus tem nada lhe falta. Só Deus basta!"

Viver de ilusão é um erro descomunal, pois isso rouba o mundo de nós. E é no mundo que existimos! Propor o enfrentamento da realidade com fé e criatividade é o melhor que podemos fazer. A realidade está aí, e reconhecer isso é o primeiro passo para transformá-la. Isso nos ajuda a não tentar resolver os problemas que aparecem munidos de abstrações idealistas, mas tendo a coragem de encarar a vida como ela é e fazer por realizá-la.

Santa Teresa acertou: necessitamos de Deus porque o mundo não pode nos dar a orientação radical de que precisamos. Sem Deus, ficamos desnorteados e caímos em uma situação de extrema desorientação. Fugir da desorientação é impossível para o homem. Tirar o homem desse estado é possível para Deus.

A realidade, ao ser olhada por um coração de fé, é automaticamente corrigida e passa a ser governada por esse coração. Com confiança em Deus, podemos não apenas pensar claro, sentir claro, mas ver claro. Podemos não apenas perceber a essência de Deus, mas perceber concretamente sua presença em nossa vida. O coração de fé quer muito, ele quer ver Deus.

77

É DENTRO DE NOSSA VIDA QUE FAZEMOS NOSSO ENCONTRO COM DEUS. SEM VIDA, ESSE ENCONTRO NÃO EXISTIRIA

William Shakespeare, em 1600, decretava: "Há mais coisas entre o céu e a terra do que sonha a nossa vã filosofia". Isso é verdade. Achamos que é real apenas aquilo que passa por nossos sentidos ou por nossos conhecimentos. Ledo engano. Nesse exato momento, acontecem milhares e milhares de atos, aos quais não temos a mínima percepção, mas que ainda assim acontecem. Aquilo que conhecemos e tomamos ciência é apenas uma ínfima parte do que chamamos de vida.

A vida é sempre maior e mais ampla do que todo o conhecimento que podemos acumular. Ela é o grande presente que Deus nos deu. Assim é preciso salvar nossa vida, fazê-la dar certo. E, assim, salvar o mundo. É preciso salvar a vida do lugar que ela perdeu para o pessimismo, negativismo e cultura da morte. Vida em primeiro lugar. Tudo o mais: cultura, modo, filosofia, ciência deverá vir em segundo. Tudo isso não deve solapar a vida, mas servi-la.

É preciso primeiro viver, depois filosofar. Pois, só pensamos porque vivemos. É no momento que nascemos que tudo passa a ter sentido para nós. Cada batida de nosso coração é um convite à vida. É ela que ilumina todos os múltiplos e variados aspectos de nossa realidade.

E o fundamental: é dentro de nossa vida que fazemos nosso encontro com Deus. Sem vida, esse encontro não existiria. Deus começa para mim, existindo em minha vida. Entendendo a vida humana posso entender qualquer outra realidade que me é dada, pois a vida é nosso bem mais precioso.

78

JESUS COMO FILHO DE DEUS É PARA NÓS UMA QUESTÃO ENCERRADA. É UM FATO!

Impacta-nos quando Jesus pergunta a Pedro e aos discípulos quem o povo pensa que ele é (Mt 16,13-20). Eis um diálogo fundamental. É um diálogo que fala de identidade, de essência, fala da fundação da Igreja. Fala das portas do inferno, fala das chaves do Céu. Por saber responder quem é Jesus, Pedro é colocado como chefe da Igreja. A Igreja continuará a missão de Cristo na terra, portanto, as portas do inferno não têm a mínima chance contra ela. Pelo contrário. As portas do inferno são portas de morte eterna. As da Igreja, de vida eterna. Pedro detém as portas do Reino dos Céus, que são as portas da vida eterna. A Igreja jamais abrirá as portas para uma cultura de morte, ela sempre irá privilegiar a vida. O evangelho traz uma pergunta e uma resposta: "Jesus pergunta aos discípulos: 'E para vocês, quem eu sou?' Pedro responde: 'Você é o Messias, o Filho do Deus vivo'". Colocar-nos dentro dessa pergunta e dentro dessa resposta define nossa identidade e muda totalmente a perspectiva de ver nossa própria vida. A pergunta abre a questão, a resposta fecha a questão. Portanto, Jesus como Filho de Deus, é para nós uma questão fechada. É um fato! O que é um fato? É um dado da realidade. Mas esse não é um fato qualquer, como ter nascido em um determinado lugar ou ter preferência por um time de futebol. É um fato que balança toda a nossa história. Nossa vida deve ter como ponto de partida esse que é o fato dos fatos. Esse que é o fato por excelência.

Quem vive das versões de um fato gosta de viver iludido. A versão do fato não é o fato. Não podemos viver o evangelho como a versão de um fato, que, por ser versão, pode-se manipular a bel-prazer. Não. A versão é sempre falsa, artificial. O fato do evangelho é que Deus nos criou para sermos livres e vivermos a fraternidade. É fato que Deus nos ama e devemos amar uns aos outros. É fato que devemos praticar a caridade. É fato que não devemos atirar pedra em ninguém. É fato que Deus nos criou para a felicidade.

Se o evangelho não muda de FATO minha vida, não dá um alento para meu peito, não muda minha perspectiva de olhar tudo com mais otimismo e amor, então não estou vivendo de FATO o evangelho, mas uma versão do fato. E viver de versão em versão dos fatos é como viver dentro de uma novela repetida.

79

AO PROGREDIR NO AMOR DE DEUS, NÓS VAMOS EXPERIMENTANDO AS COISAS EM SUA PLENITUDE DE SIGNIFICADOS!

Muitos buscam encontrar uma lógica para a existência fora de Deus. É trabalho perdido. Sem Deus, toda a compreensão da vida é irracional. Somente o amor de Deus pode salvar-nos dos abismos da vida e nos impedir de precipitar neles. Uma vida ateia – sem Deus – pode apenas ter uma compreensão parcial. Deus, porém, é dono de toda a totalidade, de tudo aquilo que é. O sumamente desconhecido para nós não é novidade para Deus. Ao progredir no amor de Deus, vamos experimentando as coisas em sua plenitude de significados. Aqui não há equívocos, mas apenas a impossível convergência, imediatamente tornada possível pela misericórdia de Deus, da imperfeição humana à perfeição divina.

Tirar Deus da própria vida é recolher-se na solidão de alguém que abriu mão da promessa de Deus para encontrar a própria humanidade, mas se viu perdido porque, ao perder Deus, perdeu-se a si próprio. Assim a imensidão do mundo mais o infinito do Céu ficam reduzidos aos limites da descrença do sujeito. Porém o homem, feito à imagem e semelhança de Deus, não pode ficar sem Deus ou será apenas uma pequena ilha, flutuando no mar da falta de sentido. Pelo contrário, o homem deve apoiar-se em Deus, nutrir-se de Deus, porque o homem, dono de uma alma eterna, vive inteiramente de Deus.

Deus é a grande e a mais importante descoberta do homem. Deus sempre quis o homem; eternamente o quis. Esse sempre esteve no coração de Deus. Assim, em Deus, o homem não tem começo nem fim, uma vez que está mergulhado desde sempre nesse Amor.

80

O HOMEM É AQUELE QUE OUVE, SENTE E SE EMOCIONA COM O GRANDE CONCERTO CÓSMICO UNIVERSAL!

Nossa missão mais urgente é focar toda a atenção em nossa própria vida, pois é ela nosso bem mais precioso. A vida humana é nobre, é santa, é divina, é sagrada, pois somos feitos à imagem e semelhança de Deus. Imagina isso! Porque temos vida, escutamos sons e ruídos imensos. Vemos luzes brilhando por todo lado. Sentimos cheiros e sabores. Alegramo-nos, mas também sofremos. O homem é aquele que ouve, sente e se emociona com o grande concerto cósmico universal.

Tudo acontece em nossa vida: desde o mais reles problema de matemática ao mais agudo problema existencial. Da tristeza mais profunda à alegria mais esfuziante. Derrotas e fracassos. E é o próprio sujeito a viver tudo isso, pois a vida é intransferível. Viver dessa maneira é compreender a vida dentro de uma ampla espiritualidade. E fazer da vida, de toda ela e de tudo que acontece nela, algo sagrado. Na medida em que a pessoa vive com coragem e denodo, enfrentando todas as circunstâncias e acreditando na força que brota de seu peito, que é o próprio Espírito Santo, a vida vai se fortalecendo, não de fora para dentro, mas de dentro para fora. Ou seja, a vida vai se fortalecendo a partir da própria alma.

A vida humana não suporta reduções, ela deseja a amplitude na medida em que anseia viver suas múltiplas possibilidades. Isso não acontecerá se afrontarmos a vida com mediocridade, esquecendo-nos da grandeza que a vida é.

81

A PESSOA TÓXICA PERDE O PRÓPRIO PODER, QUANDO VÊ SEU SORRISO E SEU CORAÇÃO EM PAZ!

Como lidar com uma pessoa tóxica? A primeira coisa a fazer é rezar por ela. A segunda: afastar-se dela, que tudo fará para roubar sua energia, transformando-a em pura energia negativa, pesada, difícil de carregar. Pessoas tóxicas dedicam-se a despertar o pior dos outros: raiva, sentimentos de vingança, ódio, tristeza.

Ao afastar-se de uma pessoa assim, não fique com a consciência pesada. Ela precisa saber que seus atos estão errados, que ferem e machucam. Assim o isolamento momentâneo é a melhor solução. Pessoas tóxicas podem sê-lo por trauma ou por pura maldade. Acredito mais na segunda causa. São pessoas insatisfeitas com a própria vida. Percebem que quase todas as escolhas foram fracassadas e agora se dedicam a tirar a paz dos outros. Não caia nessa armadilha.

A pessoa tóxica perde o próprio poder quando vê seu sorriso e seu coração em paz. Quando percebe que o veneno dela não atingiu você. Quando percebe que você continua por cima e ela continua por baixo, com seus sentimentos negativos, atitudes mesquinhas e maquinações do mal. Reze por ela. E torça para que ela reencontre o caminho da própria paz.

Rezando pelas pessoas difíceis, reafirmamos o valor da vida humana. Mesmo a pedra mais perfeita é ainda inferior à vida humana mais sórdida. A vida, de quem quer que seja, traz consigo valor transcendental, irrepetível no universo.

82

SALVAR A VIDA É DEIXAR JESUS VISITAR CONTINUAMENTE NOSSA VIDA, CURANDO NOSSAS FERIDAS COM SEU SANGUE DERRAMADO NA CRUZ

Nossa vida é, sobretudo, uma construção. Uma construção que não fazemos de fora para dentro, mas de dentro para fora. Essa construção será cada vez mais forte quanto mais cedo começarmos a fazê-la. Isto é, na infância, na adolescência, na juventude e, por fim, na vida adulta. Vamos lançando bases para nossos relacionamentos, nossas conquistas, nossa família, as pessoas que amamos, as pessoas que nos amam. Tudo aquilo que acontece no decorrer de nossa história, tudo aquilo que nós podemos ainda ser. Nossa vida compreende todo o significado que nós damos a tudo aquilo que nos rodeia, que nos faz feliz e nos proporciona um bem-estar. Nossa vida compreende nossas vitórias e nossas derrotas. É o conjunto de nossos risos e choros.

Porém temos de salvar nossa vida. E como a salvamos? Assumindo a Cruz. Assumir a Cruz é assumir o Cristo no ponto mais intenso de sua entrega por nós. Pois a Cruz, molhada com o suor, com o sangue e com o choro do Filho de Deus, torna-se ponto de partida para salvar nossa vida. Somente assumindo o Cristo podemos salvar nossa vida, dando um significado novo para todas as coisas, mudando nosso olhar sobre nossa história, adotando outra perspectiva.

Salvar a vida é reconciliar-se com o passado, compreendendo que não podíamos ter feito outra coisa senão vivê-lo daquela forma. Salvar o passado, para viver bem o presente e assim salvar o futuro. Salvar a vida é aceitar nossa mais completa dependência de Deus, mesmo sabendo que ele nos deu dons e talentos. Salvar a vida é agir como se tudo dependesse de nós, mas sabendo que na verdade tudo depende de Deus.

83

SOMOS CHAMADOS A FAZER O ESPETÁCULO DA VIDA ACONTECER!

Nosso nascimento pode ser equiparado à situação inusitada de alguém que foi jogado em um palco de um teatro lotado, sem a mínima ideia do que fazer para entreter a plateia. Assim, desempenhar um drama ou uma comédia vai depender de nós.

Não pedimos para nascer! Assim como tudo é surpresa para o bebê que acaba de vir à luz, a existência é surpresa também para nós. Como surpresa, a vida se torna um agradável e grande problema a ser resolvido. Nossa vida traz consigo a marca de uma insegurança em sua própria raiz. Buscamos uma segurança radical, mas sabemos que jamais a encontraremos. Se nossa vida não é determinada ou programada, resta-nos afirmar que ela é imprevisível. O que pode tornar a vida um peso difícil de carregar.

Porém, mesmo nesse cenário desafiador, somos chamados a fazer o espetáculo da vida acontecer. Uma vida que esteja livre de todos os perigos é simplesmente impossível, pois isso escapa à natureza da própria vida. Quem espera uma vida assim não sabe o que a vida é, ou seja, essencial insegurança. Nossa missão é fazer dar certo, de alguma maneira, a vida que não pedimos para viver, mas que nos foi dada como presente, como um dom de Deus. Vivê-la, sobretudo, na fé.

A vida se transmuta em eterna redescoberta.

84

SÓ É POSSÍVEL ESTARMOS SERENOS DIANTE DA VIDA SE NOS CONFORMAMOS COM A INSEGURANÇA INERENTE A ELA, E, ASSIM, DEPOSITARMOS TODA A NOSSA CONFIANÇA EM DEUS!

Buscamos uma vida completamente segura. Muitas pessoas pagam apólices de seguro caríssimas para ter uma falsa sensação de segurança. Jesus conta a história daquele homem que pensava estar seguro por ter seus celeiros grandes e cheios de trigo e bens. Assim ele dizia: "Minha alma, tens uma quantidade de bens em reserva para muitos anos; repousa, bebe, come e regala-te". No que Deus lhe respondeu: "Insensato, nesta mesma noite ser-te-á reclamada a alma. E as coisas que acumulastes, de quem serão?" (Lc 12,16-21).

A vida é sempre um projeto aberto, inseguro, imprevisível e que se constitui de infinitas possibilidades. Daí a insegurança. A cada momento somos obrigados a escolher algumas das muitas possibilidades que nos são colocadas. E qual a melhor possibilidade? Perguntamo-nos, aflitos. Não temos descanso ou trégua. A todo momento temos de resolver o problema do que vamos fazer, e lá vem mais uma vez a insegurança tomar conta de nosso ser.

Todo o nosso desejo de uma verdadeira segurança deve ser depositado em Deus, uma vez que a vida humana é revestida de várias inseguranças. Uma vida completamente segura é como se fosse um quadrado redondo, ou seja, completamente absurda.

Outra forma de driblar esta insegurança é traçar uma meta para a vida e lutar para realizá-la, ter objetivos e sonhos é essencial para que a vida tenha sentido e nos sintamos minimamente seguros.

85

DEUS, QUE NOS FEZ LIVRES E NOS DEU O LIVRE-ARBÍTRIO, NÃO QUER QUE SEJAMOS REFÉNS DE NINGUÉM!

No evangelho de Mateus, Jesus fala da correção fraterna (Mt 18,15-20). Trata-se de corrigir e deixar-se ser corrigido pelo outro. São três os passos da correção, seguido de um final radical, se nada der certo. O primeiro passo é corrigir a pessoa a sós; se der certo, perfeito, a história acaba aqui. Mas, se não der certo, passa-se para o segundo passo, que é chamar mais pessoas que sirvam como testemunha; se ainda isso não funcionar, passa-se para o terceiro e último passo, falar para a Igreja. Se isso também não funcionar, melhor parar de dar murro em ponta de faca. O que diz o evangelho? "Trate-o como um gentio ou publicano", que eram pessoas consideradas impuras, com as quais não se podia ter relações. Ou seja, desprezo.

Não somos máquinas, somos humanos. Não somos deuses, somos gente. E nos portamos assim, com nossa humanidade, que significa húmus, barro. O que remete para nossa precariedade, fragilidade, falhas. Somos sujeitos a sentimentos nobres e a sentimentos não tão nobres assim. E quando acontecer de, dentro de nossa humanidade, de nossas imperfeições, ofendermos ou ferirmos alguém, o mínimo a se fazer é reconhecer o erro e pedir desculpas. Buscar reparação.

A responsabilidade mútua, de um para o outro, é uma virtude cristã. A primeira coisa que Caim fez ao ser questionado por Deus, por ter tirado a vida de seu irmão Abel, foi dizer: "Acaso sou guarda de meu irmão?" (Gn 4,9). Ou seja, achava que não era responsável pelo irmão. E todos nós somos responsáveis uns pelos outros. Portanto, mesmo quando o outro me ofende, calunia-me, prejudica-me, eu continuo responsável por ele. Porém essa responsabilidade ou envolvimento afetivo com o irmão tem um limite. Que são os três passos da correção fraterna. Se o irmão que ofendeu, caluniou, feriu e magoou não quer saber de reconhecer seu erro, não quer se converter, não quer mudar de vida, termina minha responsabilidade afetiva para com ele.

Ser cristão não é ser bobo ou palhaço de quem quer que seja. Ser cristão é saber que certas atitudes devem ser desprezadas. E que chega um determinado momento, especialmente entre pessoas da própria família, em que, para o bem de todos, o diálogo com aquela pessoa que só "pisa na bola" deve cessar, depois de ter dado os três passos da correção fraterna. Que a pessoa fique falando sozinha, "bebendo de seu próprio veneno". Se ela não quer mudar, também não tem o direito de arrastar a família inteira para seu redemoinho de caos. São Paulo retoma esse ensinamento de Jesus dizendo a mesma coisa: "Afasta-se de quem não quer mudar e busca te arrastar para seu mundinho caótico" (1Cor 5,11).

Deus, que nos fez livres e nos deu o livre-arbítrio, não quer que sejamos reféns de ninguém. Nenhuma pessoa – seja pai, mãe, filho, irmão, esposa, parente, amigo – tem o direito de sequestrar nossa paz interior e nossa serenidade, tornando-nos reféns de sua próxima falha. Se o próprio Deus nos deu a liberdade, não podemos deixar ninguém tirar nossa liberdade de ser, de estar no mundo, de progredir na vida, de construir verdadeiros laços afetivos, que nos façam bem e nos deem segurança.

Tenha certeza: nada que venha de uma pessoa "tóxica", especializada em semear o caos, poderá atingi-lo. Não se nivele àquilo que é caótico, sintonize na paz e no amor de Deus, antídotos para qualquer sentimento ruim e negativo.

86

NÃO OBSTANTE TUDO, A VIDA, COMO CANTA GONZAGUINHA, "É BONITA, É BONITA E É BONITA"!

Muitas vezes, quando os problemas que devemos enfrentar parecem ser maiores que nossa força, e o cansaço toma conta de nosso ser, passa por nossa cabeça renunciar a viver, e terminamos por cair em um poço de tristeza, melancolia e desânimo, que mina ainda mais nossas poucas forças. Porém a solução para a dramaticidade da vida não é renunciar a ela, mas enfrentá-la.

O peso da existência não é motivo para estarmos tristes: sempre soubemos que seria assim e ninguém nos enganou. Conhecemos nossa história há milhares de anos. Não podemos nos amargurar, se a vida é constituída dessa forma. É a vida que conhecemos e é assim para todas as pessoas. Mais que entregar-se à angústia ou ao desânimo, o que devemos fazer é encarar a realidade da vida e enfrentá-la com coragem, esforçar-se para resolver o problema e o drama que ela é.

Saber que, não obstante tudo, a vida, como canta Gonzaguinha, "é bonita, é bonita e é bonita". É preciso fazer um esforço sincero para colocar a beleza da vida à frente dos problemas. É preciso fazer nascer em nós um prazer inteligente diante da vida, que não exclui as dificuldades, as desgraças, o destino trágico, porém mantém o moral elevado e, até mesmo, sabe "brincar" com os problemas.

O importante da vida
não é o que se vive,
mas como se vive,
o que se vive.

87

VIVER É, SOBRETUDO, TOMAR DECISÕES A CADA HORA E MOMENTO. E TORCER PARA QUE SEJAM BOAS DECISÕES!

Podemos decidir, no decorrer de nossa história, confiar nossa vida ao mundo ou a Deus. É claro que confiar a vida ao mundo é confiar a vida ao inimigo. O mundo é estranho a nós, e nele nada nos é antecipado. Viver entregue ao mundo é flertar com o caos. Confiar a vida a Deus é procurar uma solução para nossa vida, que tantas vezes se mostra contraditória. Somos atingidos por fatos que, muitas vezes, não temos como detê-los ou controlá-los. Eis o imponderável.

Viver é, sobretudo, tomar decisões a cada hora e momento. O livro do Apocalipse direciona uma crítica contundente a quem não decide nunca: "Conheço tua conduta: não és frio nem quente. Oxalá fosses frio ou quente. Assim, porque és morno, nem frio nem quente, estou para te vomitar de minha boca" (Ap 3,15-16). Mais do que aquilo que somos agora, somos o que ainda não nos tornamos, pelas futuras decisões que deveremos ainda tomar. É assim que constantemente estamos a decidir o que ainda vamos ser. Nossa vida é um contínuo preocupar-se, um olhar constante para o futuro, um contínuo vir a ser.

Quem não se preocupa com a vida perde o rumo e a vida vai à deriva, como uma boia sem amarras, que vai empurrada ao sabor do mar. É muito fácil ceder à tentação de renunciar à responsabilidade diante do próprio destino, dissolvendo-se na multidão, seguindo o coro dos conformados, fazer o que todo mundo faz, e, o que é o pior, recusar ser o protagonista da própria vida.

Sem Deus e com o mundo, seremos reféns das inúmeras possibilidades que podem nos prejudicar, ao se efetivarem. Confiando em Deus e colocando-o como nosso Salvador, todas as possibilidades, ao final, concorrem a nosso favor.

88

É PRECISO AFASTAR DO CORAÇÃO, COM TODAS AS FORÇAS, O PENSAMENTO DE QUE VIVER É UM MAL!

Muitas vezes, somos tomados por uma angústia repentina e nos sentimos oprimidos por uma tristeza que nos vem sem motivo algum. É preciso reagir a esse sentimento, que termina por nos anular, jogando-nos em um triste niquilismo. São João Crisóstomo dizia que uma profunda tristeza gera grandes males. Se damos chance para esse estado emotivo tomar posse de nosso espírito, o efeito será perdermos nossa energia e nos sentirmos apagados, vazios.

Permanecer nesse estado emotivo, sem esboçar nenhuma reação, é como se deixássemos ervas daninhas crescerem em torno de nosso coração. É como se a própria casa estivesse pegando fogo e a pessoa ali, apática, sem nada fazer. Ou como aquele discípulo que ouve alguém falar: "Seu mestre está na cidade vizinha. Encontre-o para aprender a sabedoria". A que o discípulo responde: "Tenho medo dos leões que se encontram pela estrada". De novo, ele ouve: "Seu mestre chegou à cidade", "Tenho medo dos leões que estão nas ruas". "Seu mestre está perto de sua casa", "Tenho medo dos leões que estão aí fora". Ou seja, a justificativa para sua paralisia é temer leões imaginários.

É claro que tal atitude de extrema falta de coragem arrasta a pessoa a um desinteresse total pela existência. Gera um desconforto, culminando na perda de sentido pela vida. Portanto todo esse sentimento negativo e pessimista merece uma reação imediata.

É necessário dizer bem forte para si mesmo: "Não abro mão de Deus em minha vida, não abro mão de Deus em minha história. Ele me defende de todo o mal e devolve a alegria para minha existência".

89

NOSSO AMOR E NOSSA CONFIANÇA EM DEUS É REMÉDIO EFICAZ CONTRA TODA TRISTEZA!

Ninguém está livre de sentir-se triste nos vários episódios da vida. O próprio Jesus foi acometido por uma intensa tristeza: "Minha alma está triste até a morte" (Mc 14,34). A tristeza é uma dor que ressoa na alma e a oprime. Apressamo-nos para sanar toda a dor física que nos acomete, não é diferente com a dor espiritual causada pela tristeza. A tristeza coloca a nu nosso coração, compromete nossa energia, tira-nos a força.

Porém a tristeza, intensa ou menos intensa, não pode paralisar nossa vida. Ao tentar supera-lá, devemos continuar agindo em todos os nossos projetos, pois, não obstante toda a tristeza do mundo, a vida segue, inexoravelmente.

Devemos estar bastante atentos para não perdermos nosso ser em uma tristeza contínua e duradora, que pode até instalar-se para sempre em nosso coração. Se nos sentimos incapazes, por isso nos entristecemos, isso não quer dizer que, de fato, somos incapazes. Não procurar Deus e colocar nele toda a esperança é fazer perpetuar a tristeza.

A tristeza intensa pode transformar-se em um mal da alma, um mal obscuro, em que vamos perdendo o contato com nós mesmos, como se perdêssemos um lugar em nosso interior, onde poderíamos estar à vontade e descansar. Eis-nos entregues à inquietude e à instabilidade. É como se alguém apagasse a luz de Deus em nossos olhos. E é preciso reacendê-la!

Um remédio eficaz contra a tristeza é procurar enxergar um sentido na vida para além de qualquer sentimento que tem a força de aniquilar nossa alma, pois, "quem tem um PORQUÊ na vida pode suportar qualquer COMO" (Nietzsche).

90

VIVER É SENTIR FORTE CADA PULSAR DO CORAÇÃO!

O momento atual de nossa vida nada mais é do que fruto de todas as decisões que tomamos até aqui, as certas e as erradas. Não se colhe o que não se planta. Mais do que um "que fazer", a vida se constitui de um decidir o que fazer. A vida não é como a trajetória certeira de uma bala, ela se constrói mediante as decisões que tomamos, pois a vida não é dada pronta, ela é construção diária e cotidiana.

Somos sempre um projeto em andamento. O que será de nossa vida dependerá sempre do próximo passo a ser dado, da próxima escolha a ser feita. É melhor para nós que tenhamos a sabedoria de fazer boas escolhas. Como não temos controle sobre tudo, e muitas coisas em nossa vida acontecem à nossa revelia, sem que decidíssemos ou contribuíssemos para isso, resulta que a vida é também *fatalidade*.

Devemos entender essa fatalidade como um conjunto de circunstâncias que devemos enfrentar em nossa existência, e que nós não escolhemos, tais como: ter nascido em determinada família, país ou cultura; os traços fisionômicos que trazemos; a condição social em que nascemos etc. Essas circunstâncias não podem representar um peso para nós. Pelo contrário, é necessário enfrentá-las, ressignificá-las, se for o caso, e assim chegar a ser o que se é, ou seja, realizar todas as próprias potencialidades, realizar-se por inteiro.

Não temer os leões imaginários: viver, sentir-se viver, saber-se existindo. Não como algo apenas racional, mas com toda a totalidade do ser, sentindo profundamente a presença da própria vida. Enfim, é sentir cada pulsar do coração.

91

CADA HORA VIVIDA É INSUBSTITUÍVEL. O MINUTO PRÓXIMO VALE OURO, SIMPLESMENTE PORQUE UM DIA ELE NÃO EXISTIRÁ MAIS. ESSA É UMA DAS POUCAS CERTEZAS DA VIDA!

Os gregos, para nominarem o ser humano, usavam o substantivo mortal. Em contraposição, os deuses eram imortais. Nossa mortalidade é um traço significativo de nossa humanidade. Morreremos! Para um ser que fosse imortal boa parte dos problemas da vida estaria resolvida, pois, nesse caso, o tempo não se esgotaria nunca. Para os mortais, isso não acontece. Cada minuto passado tem valor absoluto, não volta mais.

Nossa vida vivida vai se consumindo. A criança recém-nascida já está entregue ao tempo. Nesse sentido, viver é desviver. Daí a necessidade de valorizar o tempo para que a própria vida não se perca, pois a vida com muita facilidade escorrega para um *fora de si*.

É preciso refazer o olhar e ter a vida nas mãos, pois viver é sustentar o próprio ser. Assim como a imagem vista através de um cristal se mostra desfocada e torna-se necessário um esforço para saber que imagem é, assim é a vida que teima em migrar para fora de si mesma, por isso necessita do esforço do sujeito para aferrá-la. Ser otimista é acreditar que, não obstante a dramaticidade da vida e da fatalidade do destino, é possível, sim, fazer da vida algo belo.

A beleza da vida não está no fato de que o destino nos seja favorável ou não, mas sim na gentileza com que o encontramos e esculpimos de sua matéria fatal uma figura nobre.

92

UMA FÉ VIGOROSA TRANSFORMA A REALIDADE!

É possível construir um mundo novo à força de nossa fé? Sim, e esse não é um fato que está além de nossas possibilidades. Basta dar um passeio pelos evangelhos e constatar quantas vidas se transformaram, quantos mundos novos foram construídos pela força da fé. Inúmeras situações que se ajustaram de acordo com um coração cheio de fé.

Uma fé profunda em Deus nos ajuda a enfrentar as difíceis exigências da existência. Além das dificuldades próprias da vida, devemos ainda enfrentar uma solidão ontológica. O homem vive essa solidão com "seus botões", pois ela nada mais é que sua própria intimidade, impenetrável por um outro eu. Cada um está só em seu próprio universo. Aqui, trata-se de uma radical solidão.

As dores da existência quase sempre são vividas sozinhas, pelo sujeito. Ninguém pode sentir dor no lugar de ninguém, sejam dores físicas, sejam dores espirituais. No entanto, para o ser humano, é possível, sim, ser solidário na dor, ainda que a dor do outro não doa em nós com a mesma intensidade.

Cabe-nos reconhecer que existem dores que não escolhemos, mas que terminam por fazer parte de nossa realidade. Se lidarmos com isso, em uma atitude de confiança e esperança em Deus, tudo se tornará mais fácil.

Fomos jogados no drama da vida e somente nossa fé de que tudo está nas mãos de Deus nos ajudará a continuar serenos nessa intrincada trama existencial.

93

VIVEMOS SOB O PRINCÍPIO DO BEM. GRAÇAS A DEUS! TUDO O QUE EXISTE É UM BEM, DIZIA SANTO AGOSTINHO!

Ainda que o bem seja sempre mais forte que o mal, constatamos a presença do mal no mundo. O primeiro lugar onde vamos encontrar o mal na Bíblia é no livro do Gênesis. Em seus capítulos iniciais, vemos como o mal entrou no mundo, causando nossa expulsão do Paraíso. O mal é o caos. O mal é a divisão. O mal é uma força negativa, pessimista, destrutiva e desordenada, que pode colocar tudo a perder.

O mal é a mais completa negação da vida. Eu demonstro que amo a Deus, na medida em que amo minha vida, pois é nela que eu descubro aquilo que é fundamental, ou seja, o amor de Deus. Portanto eu demonstro na prática que eu amo a Deus, na medida em que valorizo minha vida e a vida do próximo, pois Jesus colocou o próximo em nosso horizonte. No cristianismo, eu não me salvo sozinho. Eu me salvo na medida em que amo e respeito o próximo.

Um dos meios para se combater o mal é a prática do perdão. Jesus o propõe. Por que o perdão é tão necessário para a vida cristã? Porque somente o perdão pode deter o mal. O perdão frustra o mal e rompe com seu poder. Assim, para o cristão, o perdão é uma necessidade. Quem tem o espírito fraco, jamais perdoa. O perdão é para quem tem o espírito forte.

Ter um espírito otimista, positivo, de bem com a vida também é uma forma de se combater o mal. Vamos ter isso como lição para a vida? Combater o mal, praticando o bem e o bom humor.

94

DEVEMOS INTERPRETAR NOSSA VIDA COM UM OLHAR BENÉVOLO E NÃO DESISTIR DA CAMINHADA!

Ainda que erremos sempre, e erremos muito, não podemos ter compromisso com o erro. Pelo contrário: devemos fazer o possível para acertar na vida. A vida se realiza com nossos acertos, com aquilo que fizemos de certo, em cada momento dela. Ainda que tudo pareça muito difícil, devemos continuar na trama da vida e fazer por acertar.

Pensamos, sonhamos, comovemo-nos, ganhamos e perdemos. Nossa vida vai se fazendo por meio de nossos atos e de nossas ações. Por isso buscar uma ocupação, ter um "que fazer" é realizar a própria vida. Renascemos quando nos sentimos parte de um projeto de vida gigante e alegre, que nos permite sempre um que fazer.

Portanto é preciso ter um olhar qualificado para nossa vida, analisar os frutos de nossas escolhas, porque vamos colher o que plantarmos. Em outras palavras, interpretar nossa vida com um olhar benévolo e não desistir da caminhada. Analisar todas as nossas atuais circunstâncias, encará-las e vencê-las. É assim que salvamos nossa vida. E ao analisar as circunstâncias é necessário ampliar o olhar. Não se deter apenas nas coisas pequenas que nos rodeiam. Fazer isso é tornar medíocre a vida. Mas nossa circunstância é o todo, o universo inteiro, e no, pano de fundo da vida, Deus, que nos ama, com seu poder e sua misericórdia.

O universo reverencia o homem que se ocupa de suas circunstâncias com coragem, denodo e alegria.

95

SOMOS LIVRES, MAS DENTRO DA MOLDURA DE NOSSAS CIRCUNSTÂNCIAS

É preciso entendermos que certa fatalidade compõe nossa existência. Há coisas que não podemos evitar. Fato! Na medida em que aceitamos as fatalidades, e somente levando-as em consideração, poderemos encontrar um lugar para nossa ação livre, levando em consideração nossa total ausência de onipotência, que de resto, só Deus tem. Somos livres, mas dentro da moldura de nossas circunstâncias.

Maravilha! Não somos apenas uma coisa, temos inúmeras possibilidades! Elas são infinitas, e dadas continuamente por Deus. A vida de cada um é um grande livro, em que a história vai sendo escrita pelas decisões e escolhas. Ao tomar cada decisão devemos arcar com as consequências dessa ação. Devemos, incansavelmente, buscar um sentido para tudo que nos rodeia, articulando esse sentido com a presença viva em que as coisas aparecem para nós: coisas agradáveis e desagradáveis, atrozes e benévolas, de favores e perigos. Devemos dar sentido a tudo que nos afeta, acaricia-nos, ameaça-nos. Assim, enfrentando com inteligência as circunstâncias que aparecem continuamente, lidando com todas as conexões que deságuam em nossa realidade, justificando cada escolha feita, vamos construindo nosso projeto de vida, que é o próprio projeto de nossa existência.

Adquirir a plena consciência da realidade que nos circunda nos faz render o máximo de nossas capacidades. Pois nossa realidade, quando não vem intermediada por ilusões ou idealismos, ajuda-nos a nos comunicar com a imensidão do universo, esconderijo de Deus.

96

NÃO SOMOS SEPARADOS DO MUNDO, COMO UM ALIENÍGENA, MAS SOMOS UM COM O MUNDO

Há quem considere a vida humana essencialmente dramática. Quem pensa assim não deixa de ter certa razão. Além de dramática, nossa vida é problemática. A cada momento devemos nos preocupar com uma série de possibilidades que a vida nos apresenta: Faço isto ou faço aquilo? Vou para lá ou para cá? Escolho o sorvete de morango ou o de chocolate? Shakespeare sintetizou bem essa situação, com a clássica frase de seu personagem Hamlet: "Ser ou não ser, eis a questão". Assim, viver significa conciliar tudo aquilo que eu sou com meu entorno e suas inúmeras possibilidades. O desafio, portanto, é fazer coexistir as duas máximas realidades acerca do ser humano: Ele e o mundo. Quanto mais a pessoa busca uma coexistência harmoniosa com o mundo mais a vida dela vai tendo um fundamento seguro. Assim, existir é, fundamentalmente, coexistir. O que significa colocar na "equação" eu e o outro. Essa nossa coexistência com o mundo deve ser dinâmica, jamais passiva. Nosso atuar é um atuar no mundo: sonhamos, sofremos, detestamos e amamos sempre no mundo. O ser humano não se dá sem o mundo, portanto, melhor para mim, se faço do mundo meu aliado. O mundo que está a meu derredor me acolhe, manifesta-se a mim, entusiasma-me. Não terei entendido nada se adjetivo o mundo como pobre, tedioso ou chato. É uma forma muito pobre de considerá-lo. Somos convidados a enxergar o mundo em sua múltipla diversidade. Nosso mundo se enriquece quando vemos todas as coisas guardando relação entre si. Para Santo Agostinho tudo o que existe é um bem.

Na visão do otimismo cristão tudo reflete o bem. E o que ainda não reflete pode se converter.

97

A CLARIDADE DA FÉ BROTA DE NOSSA INTIMIDADE MAIS PROFUNDA COM DEUS

Li em algum lugar que os esquimós enxergam dezenas de tons de branco na neve, onde nós enxergamos apenas um. Assim como o esquimó olha com profundidade para a neve, devemos olhar com profundidade para nossa vida. Equivocamo-nos frequentemente olhando para algo tão importante, que é nossa vida, de maneira artificial. Olhar a vida com profundidade é buscar possuir uma compreensão da realidade que escapa a nossa sensibilidade. É perceber a sombra mística que envolve todas as coisas. Isso também é ter fé.

A fé nos dá claridade para compreender mais e melhor a realidade. Ela é uma possessão espiritual que nos ajuda a dominar a instabilidade da existência. Por isso falamos: "Sei em quem coloquei minha confiança" (2Tm 1,12). A fé nos livra da inquietude própria do coração daqueles que não mais acreditam. Uma fé vigorosa introduz ordem a nossa vida e nos ajuda a explicá-la. A fé em Deus também nos afasta das contradições da existência.

A claridade da fé brota de nossa intimidade mais profunda com Deus. Ansiamos por essa claridade, ao mesmo tempo rejeitando toda realidade que se mostra obscura, tenebrosa, ameaçadora. Dentro de nosso peito se levanta a sede pela claridade da fé, que nos leva à plenitude de nossa vida.

Considerar a busca pela claridade da fé como uma de nossas mais importantes missões é o que de melhor podemos fazer. E para fazê-lo bem devemos pedir ao Bom Deus o dom da fé. Assim, a luz da fé se derramará em nossa vida. Essa fé tem um poder ainda maior: ampliar nossa vida.

98

VIGIAR É MAPEAR O FUTURO, PARA QUE ASSIM O FUTURO QUE VEM NÃO SE TORNE TRÁGICO OU DRAMÁTICO

Jesus conta a parábola das dez virgens que estão à espera do noivo, com as lamparinas acesas (Mt 25,1-10). Cinco delas são atentas e cinco distraídas. Acabando o azeite, que mantém acesas as lamparinas das virgens distraídas, elas saem para comprar mais. O noivo chega e acolhe as virgens sábias, que mantiveram acesas as lamparinas, pois tinham previsto a quantidade certa de azeite. Ele entra apenas com elas no lugar da festa e a porta é fechada. As virgens desatentas, ao chegarem, deparam-se com as portas cerradas e, assim, não podem participar da festa. O azeite significa a alegria, o dinamismo, o sentido da vida. Ou seja, a condição para a felicidade.

Contando essa parábola, Jesus nos quer mostrar o valor da vigilância, da não distração. A postura da vigilância é uma das principais do cristão. Ele é aquele que vigia, que está atento, procurando ver os sinais dos tempos. O cristão procura avaliar a cada momento sua atual situação, para ir discernindo e decidindo sua vida. Mas qual o motivo de nossa vigilância? É não perder o Cristo que passa por nós. Não perder o Deus da Vida que enche nossa vida de sentido e alegria. Assim, nossa vigilância é, sobretudo, cuidado com o futuro. Vigiar é mapear o futuro, para que assim o futuro que vem não se torne trágico ou dramático. Todo futuro vem para mudar o presente, para melhor ou para pior. Na vigilância vamos, já no presente, construindo esse futuro que virá.

Se estou em uma atitude de vigilância, em uma postura de vigilância, o futuro que vem será o melhor possível.

99

EXISTE TODO UM MUNDO OCULTO, A SER REVELADO, QUE A REALIDADE NUA E CRUA BUSCA ESCONDER, MAS QUE O ESFORÇO DA FÉ BUSCA REVELAR

Não temos posse de uma varinha de condão, que possa mudar nossa realidade. Isso não existe! O que muda nossa realidade é nossa fé. Ela nos permite ver a realidade de uma forma totalmente diferente. A pessoa que traz consigo uma grande confiança em Deus enxerga a realidade, não com os olhos físicos, mas com os olhos da fé. Devemos viver de tal modo a considerar a fé como um filtro por onde passa a realidade.

É preciso um esforço de fé para buscar ver além daquilo que a realidade nos oferece neste momento. Somente uma fé vivida com tal força é capaz de nos dar segurança e representar em nossa vida um novo amanhecer. É como se tivéssemos que costurar a fé em cada ponto de nossa realidade. Uma fé vivida! Costurá-la em todas as nossas experiências, em tudo aquilo que nos ocorre, em todos os nossos projetos.

Devemos vincular toda a realidade deste mundo a nossa fé, mas também vincular a ela todas as realidades que não são deste mundo, por exemplo, a vida eterna. Porque nossa fé nos fala também do sobrenatural, de um além-mundo. Fala de uma realidade que ainda não vemos, mas que sabemos que está ali, à espreita.

A fé, se verdadeira, não mostra nada de maneira evidente ou direta, apenas acena, mostra indiretamente, exigindo daquele que crê uma postura ativa. Quando o objeto que tentávamos tocar com nossa fé se materializa, é maravilhoso. Assim, é preciso nos esforçar para constatar a realidade submersa, profunda, latente, que a fé nos quer fazer ver que exatamente neste lugar está o impossível que queremos ver realizado!

100

A REALIDADE DURA É O MUNDO QUE ESTÁ AÍ, E O PERCEBEMOS A OLHOS VISTOS. A REALIDADE DA FÉ TAMBÉM ESTÁ AÍ, PORÉM, DEMANDA UM ESFORÇO MAIOR PARA QUE POSSAMOS CAPTÁ-LA

A realidade está aí de modo irremediável; ela se impõe a nós, às vezes, até mesmo com violência. Podemos, sim, enfrentar realidades adversas, munidos de nossa fé em Deus. E transformar essas realidades em outras, diferentes daquelas que vivemos. Realidades favoráveis que se tornam visíveis quando tocadas por nossa fé.

Somente a partir da realidade que vivemos, podemos supor uma realidade que ainda não vivemos, mais favorável a nós. O mundo da fé é um mundo em que o próprio Deus opera. É nossa fé a tornar este mundo real. O mundo real, do aqui e agora, termina por ser sinal de um mundo ainda mais maravilhoso, impregnado da ação de Deus. É um mundo ainda apenas oculto, mas que pela fé vem à tona, transforma meu mundo de agora, o faz melhor. É o momento em que todas as coisas são feitas novas.[1] Assim, nossa fé nos faz ver uma realidade ainda mais profunda do que a realidade em que usualmente estamos inseridos, e essa realidade mais profunda é a verdadeira realidade, uma vez que suporta a realidade aparente.

Nossa fé tem a força de nos direcionar sempre para o que está mais profundo. Fazer essa operação significa mergulhar na verdadeira realidade, aprofundando-nos e assim buscar a realidade que queremos.

---

[1] Cf. Ap 21,5.

101

A FÉ É, SOBRETUDO, EXIGÊNCIA. ELA SE FORTALECE EM NÓS, NA MEDIDA EM QUE, COM ELA, VAMOS ESTRUTURANDO NOSSA VIDA!

Feliz de quem sabe ter a possibilidade de possuir este mundo superior da fé. Para tanto é preciso abrir ainda mais os olhos e o coração, esforçar-se mais, para que o mundo da fé seja tão concreto quanto o mundo real. Por ser um mundo profundo, o mundo da fé exige mais de nós para vê-lo com claridade.

Com uma postura pró-ativa e com muito esforço, a pessoa poderá acessar este mundo profundo da fé, que, a rigor, ela não vê. O mundo da fé só existe para quem tem vontade dele.

Para estar instalado no mundo da fé é preciso desenvolver um "ver ativo", um olhar diferente do direcionado ao mundo real. O "ver ativo" me proporciona uma dimensão de profundidade que me faz estar à vontade no mundo da fé. Com o "ver ativo", que é o "ver da fé", a pessoa vai construindo sua inteira realidade e, assim, fabricando seu mundo.

Com o ver ativo, que é os olhos da fé, vemos a cor esplendorosa presente em nossa vida, e, caso essa cor tenha desbotado, sabemos que é possível recuperá-la de novo. Com a fé, nossa realidade dilata-se em um sentido profundo, total.

Por meio de um ato de fé, pode-se acessar a profundidade da verdadeira realidade, a excelente.

102

NA MOEDA VEM GRAVADO O ROSTO DE CÉSAR. POR ISSO A MOEDA ERA VALIOSA. NO SER HUMANO ESTÁ GRAVADO O ROSTO DE DEUS. POR ISSO SOMOS VALIOSOS!

Os fariseus não suportam mais Jesus e sua pregação, por isso conspiram contra ele (Mc 12,13-17). Querem comprometer Jesus com o povo e com o poder romano. Por isso, para colocar Jesus à prova, perguntam: "É lícito ou não pagar impostos a César?" Se Jesus disser que sim, será esfolado vivo pelo povo, que não suporta a dominação romana. Se Jesus disser que não, será considerado um subversivo pelas autoridades romanas e será condenado. Ou seja, a armadilha que os fariseus prepararam era tão ardilosa que não importava a resposta que Jesus desse, ele seria condenado de qualquer forma. Jesus, porém, não se deixa apanhar em articulações do mal. Ele pede uma moeda e pergunta: "De quem é a face que está na moeda?" Respondem: "De César". Ele diz a frase célebre: "Dai a César o que é de César. E a Deus o que é de Deus". Pronto. Desarmou a armadilha. O evangelho ao contar essa passagem nos fala de duas realidades. Uma do mundo, outra de Deus. Uma política, outra sagrada. Em qual realidade eu estou progredindo? César fala de poder, de dominação, de dinheiro, de luxúria, de conquista, de competição, de traição, de morte. Deus fala de servir, de fraternidade, de perdão, de misericórdia, de recomeço, de alegria, de felicidade, de amizade, de compaixão, de afeto, de amor, de vida. Quando equiparamos César a Deus, cometemos um engano gigantesco. Não pode haver paralelo possível entre César e Deus. Não pode haver paralelo possível entre nenhum ser humano e Deus.

Oferecer a César é perder. Oferecer a Deus é ganhar.

103

NÓS NÃO SABEMOS QUASE NADA E DEUS SABE TUDO

O Evangelho conta uma história que já conhecemos de cor: um patrão contratou ao longo de um dia vários empregados para trabalharem (cf. Mt 20,1-16). Pois bem, quando foi acertar as contas, o patrão pagou o que prometeu para aqueles que começaram a trabalhar desde a primeira hora do dia, e pagou o mesmo para aqueles que chegaram por último. Os que chegaram primeiro reclamaram, acharam injusto. E o evangelho sintetiza a mensagem dizendo: "Os últimos serão os primeiros e os primeiros, últimos". A explicação tradicional desse evangelho é que a salvação que Deus trouxe não é só para aqueles da Aliança, que são os Judeus, a quem Deus falou por primeiro. Mas a salvação é também para os pagãos e pecadores, que chegaram depois. Ou seja, Deus não discrimina ninguém, a salvação é para todos. A ação de Deus não é uma ação pautada pelo jeito humano de ser. A lógica de Deus agir não é clara em nosso entendimento. Não somos nós a dizer o que Deus deve fazer. É claro que podemos colocar nossos pedidos e súplicas no coração de Deus, esperando que ele nos atenda. Devemos rezar e esperar e não obrigar Deus a fazer o que quer que seja. Deus age de outro jeito e é um absurdo querer colocá-lo dentro de nossos esquemas mentais, forçando-o a ser aquilo que ele não é. Quando fazemos isso incorremos em verdadeira idolatria.

Deus nos diz claramente: "Meus pensamentos não são vossos pensamentos, e vossos caminhos não são meus caminhos" (Is 55,8). Ele traça aqui uma divisória transcendental. Devemos pedir e esperar, pois os desígnios divinos nos são desconhecidos.

104

NO VERDADEIRO JOGO DE NOSSA VIDA, AS CARTAS NÃO SÃO MARCADAS POR NÓS, AS CARTAS SÃO MARCADAS POR DEUS

Não podemos viver nossa relação com Deus como um jogo de cartas marcadas. Não podemos pressupor o que Deus vai fazer. Nós não temos esse poder. Não podemos achar que em nossa vida tudo está sob controle, sem a mínima margem para que aconteça algo fora do esperado. O que é um jogo de cartas marcadas? É um jogo em que a pessoa sabe como vai terminar. Essa pessoa sabe o final do jogo, e, como as cartas foram marcadas por ela mesma, sabe que a vitória é certa. É claro que uma vitória dessa está dentro da lógica humana, e não da lógica de Deus. Será uma vitória fajuta.

No verdadeiro jogo de nossa vida as cartas não são marcadas por nós, as cartas são marcadas por Deus e é Ele a decidir o andamento desse jogo. Podemos mudar o resultado? Claro que sim, com nossa fé. É nossa fé na providência Divina a mover as cartas do jogo e colocá-lo a nosso favor.

Ao mesmo tempo, não podemos pensar que o jogo de nossa vida já está jogado, ou seja, que não há mais nada que possamos fazer. Paremos! Deixemos Deus nos surpreender. Em relação à vida humana, nenhum jogo está jogado, muito pelo contrário. Tudo pode acontecer e esperamos que tudo aconteça para nosso melhor. E, depois, se o jogo de nossa vida está muito complicado, podemos começar a rodada de novo e fazer um jogo melhor, com as mesmas cartas.

O que você deve fazer é pedir, é bater na porta até ela abrir, é ter uma fé teimosa. Não podemos ficar na imobilidade, devemos agir, sempre. Deus é movimento e nós devemos nos movimentar com Ele.

Este livro foi composto com as famílias tipográficas Big Noodle Titling e Segoe UI
e impresso em papel Offset 75g/m² pela **Gráfica Santuário.**